经济法典总则

General
Provisions of the Economic Code

程信和 曾晓昀◎著

中国政法大学出版社

2022·北京

声　明　　1. 版权所有，侵权必究。

　　　　　2. 如有缺页、倒装问题，由出版社负责退换。

图书在版编目（ＣＩＰ）数据

经济法典总则/程信和, 曾晓昀著. —北京:中国政法大学出版社,2022.3
ISBN 978-7-5764-0422-7

Ⅰ.①经… Ⅱ.①程… ②曾… Ⅲ.①经济法－汇编－中国 Ⅳ.①D922.290.9

中国版本图书馆CIP数据核字(2022)第 063255 号

出　版　者　中国政法大学出版社

地　　　址　北京市海淀区西土城路 25 号

邮寄地址　北京 100088 信箱 8034 分箱　邮编 100088

网　　　址　http://www.cuplpress.com (网络实名：中国政法大学出版社)

电　　　话　010-58908586(编辑部) 58908334(邮购部)

编辑邮箱　zhengfadch@126.com

承　　　印　固安华明印业有限公司

开　　　本　720mm×960mm　1/16

印　　　张　14

字　　　数　240 千字

版　　　次　2022 年 3 月第 1 版

印　　　次　2022 年 3 月第 1 次印刷

定　　　价　69.00 元

CONTENTS

目 录

作为经济与法相融合的准公共产品，中国经济法典不仅要为中国的发展提供经济宪章，而且也可为人类命运共同体提供经济治理范本。

——代题记

绪　论

第一节　研究问题、背景及意义

一、研究问题

一般而言，发现问题是社会科学研究的起点。

毛泽东同志指出，我们讨论问题，应当从实际出发，不是从定义出发。什么是我们现今面临的"实际"？经过考察，应当是在开拓全面建成社会主义现代化强国的伟大征程中，当代经济法如何履行和实现它的历史使命。

《中共中央关于制定国民经济和社会发展第十四个五年规划和二〇三五年远景目标的建议》以及《中华人民共和国国民经济和社会发展第十四个五年规划和2035年远景目标纲要》（以下简称《国家规划纲要》）的颁布，为经济法的发展设立了更高位的标准，展示了更辉煌的前景。

2021年7月1日，习近平同志代表党和人民庄严宣告："经过全党全国各族人民持续奋斗，我们实现了第一个百年奋斗目标，在中华大地上全面建成了小康社会，历史性地解决了绝对贫困问题，正在意气风发向着全面建成社会主义现代化强国的第二个百年奋斗目标迈进。"[1]

---

〔1〕　习近平：《在庆祝中国共产党成立100周年大会上的讲话》（2021年7月1日）。

在习近平新时代中国特色社会主义经济思想、法治思想的指引下，贯彻新发展理念，沿着法治轨道推进国家治理现代化，提供经济法的制度支撑，正成为经济法学人的积极行动。

改革开放的实践表明，新兴经济法已成为中国特色社会主义法律体系中独立的、基本的、重要的法律部门。鉴于领头的经济法"总则"部分目前仍处于空白状态，因而经济法学界的许多同仁均对《经济法典》"总则"格外关注、寄予厚望。"总则"并非对现有经济立法的简单提炼，而是要提供基础性、纲领性、指引性的原创立法智慧。只有这样才能树立经济法的整体形象，解决目前经济法学界总论与分论"两张皮"的问题，满足全面调整国民经济运行关系的现实需求。

"提出一个问题往往比解决一个问题更重要"，因为"提出新的问题，新的可能性，从新的角度去看旧的问题，却需要有创造性的想象力，而且标志着科学的真正进步"。[1]本书研究的问题在于《经济法典》"总则"如何设计当代经济法的整体形象，以为国民经济高质量发展提供法律支撑？

具体而言，本书拟解决以下子问题：

——如何从立法宗旨、基本原则等方面为经济法定位？

——如何以法律的形式确认国民经济治理现代化制度基础？

——如何在经济法制度中对市场主体、国家经济管理主体分别进行角色安排？

——如何在经济法制度中设计各类主体通有的基本权利及市场主体、国家经济管理主体各自的权利？

——如何在经济法制度中对主体行为的促进性举措与约束性要求进行有效配置？

——如何在经济法制度中实现主体本来应尽的责任（义务、职责），落实事后追究的责任（法律责任）？

---

[1] 〔美〕A. 爱因斯坦、〔波〕L. 英费尔德：《物理学的进化》，周肇威译，上海科学技术出版社1962年版，第66页。

二、研究背景

1. 国内视野

经济法的研究视野，始终围绕着法治与国民经济的关系。它既着手于个体方面，更着眼于整体方面。我国对经济法集成化（即定型化、系统化）所作的努力，主要经历了以下几个阶段：

第一，《经济法纲要》。这一提法，由杨紫烜先生于改革开放初期的 1985 年冬最早提出，刘文华、徐杰、李昌麒等前辈先生对此都作出了积极的贡献。1999 年冬，中青年七人研究小组（程信和、王全兴、张守文、单飞跃、陈乃新、孔德周、何文龙）提交了《〈经济法纲要〉的法理与设计——献给 20 世纪最后一次中国经济法年会》。2000 年秋，上述七人研究小组提交了《关于〈经济法纲要〉的初步论证和设计》。该纲要包括 10 章：总则；国民经济基本结构；经济法律关系主体；宏观调控；市场规制；产业经济；区域经济；涉外经济的特别规定；法律责任；附则。2001 年，杨紫烜先生评述：关于《经济法纲要》结构的总体框架，程信和、王全兴等学者提出的主张基本合理，但尚可作若干修改、补充。杨先生后来提出了《经济法纲要》的如下总体框架：总则；基本经济制度和经济体制；经济法主体；市场监管法；宏观调控法；经济法责任；附则。[1]直到 2015 年，在这 30 年间，杨老师一直关注和投身于此项建设。

第二，《经济法通则》。鉴于《经济法纲要》长期未能落地，2018 年秋，正值总结改革开放 40 年成就和经验之际，在经济法学界老前辈和广大同仁的支持、帮助下，中国法学会经济法学研究会顾问程信和起草了《经济法通则（学者建议稿）》。由张守文会长亲自带领，中国法学会经济法学研究会于 2018 年 9 月、10 月在南昌、沈阳先后组织过两次"《经济法通则》立法"专题研讨，杨德敏院长、杨松院长分别主持了研讨会。2018 年 12 月，刘文华先生评述："《经济法通则（学者建议稿）》的基本指导思想正确，内容全面、翔实，准确反映了中国经济法和经济法学的历史发展脉络和成就，体

---

〔1〕　杨紫烜："关于制定《经济法纲要》的若干问题"，载《南华大学学报（社会科学版）》2015 年第 4 期，第 15~18 页。

现了党和国家关于改革开放、经济建设和经济法治的精神，坚持了学界的正确共识，并且实际上推动着理论纠偏。"〔1〕2019 年 1 月，正式发表的《经济法通则（学者建议稿）》共分 3 编、17 章。第一编"总则"包括 6 章：基本规定；经济制度和经济体制；经济法律关系主体；经济法中主体的权利；经济法律行为；经济法中的责任。第二编"分则"包括 10 章：市场运行法律制度；国民经济发展规划法律制度；财政税收法律制度；货币金融法律制度；产业发展法律制度；区域协调发展法律制度；消费法律制度；投资法律制度；对外开放法律制度；经济监督法律制度。第三编"附则"。〔2〕2019 年 11 月 17 日，在中国法学会经济法学研究会 2019 年学术年会上，程信和教授作了《构建经济法制度整体框架及其话语体系——〈经济法通则〉之命运》的大会发言。

　　第三，《经济法典》"总则"。实践在不断向前发展。2021 年 1 月，中共中央印发《法治中国建设规划（2020-2025 年）》，发出了一个重要信号："对某一领域有多部法律的，条件成熟时进行法典编纂。"2021 年 8 月，中共中央、国务院印发《法治政府建设实施纲要（2021-2025 年）》，全面推进法治政府建设。经济法作为新兴的法律部门，目前单行法律已有近百部，单行经济法规已有数百部，但较为分散，突出的短板是缺少一部反映其整体形象的"法典式立法"，即没有"总则"，导致不易完整把握、准确理解和全面适用。《民法典》〔3〕颁布之后，法学界对部门法的法典化问题展开热烈讨论，经济法学界亦是如此。于海涌、汤文平、卢炯星、黄茂钦、袁达松等许多同仁向程信和发出建议：将《经济法通则》推向《经济法典》。2020 年 12 月 5 日，在广东省法学会经济法学研究会 2020 年学术年会上，程信和、袁达松、张永忠、曾晓昀、陈惠珍作了《奋力推进经济法之集成化——经济法典》的联合发言，推出了经济法"一总五分"的总体框架，得到了与会者的热烈响应。值此开启全面建成社会主义现代化强国之际，《经济法典》

　　〔1〕 刘文华："关于'经济法通则'立法的基本考察"，载程信和：《经济法通则立法专论》，濠江法律学社 2019 年版，第 140 页。
　　〔2〕 程信和："经济法通则原论"，载《地方立法研究》2019 年第 1 期，第 54~129 页。
　　〔3〕《民法典》，即《中华人民共和国民法典》，为表述方便，本书中涉及的我国法律直接使用简称，省去"中华人民共和国"字样，全书统一，不再赘述。

正是经济法集成化的历史大势、最高表现形式，而首要的工作就是《经济法典》"总则"攻关。张守文、徐孟洲与程信和等多次交换意见，一致主张先把"总则"编修出来。2021 年 4 月 24 日，在张永忠主持的广东省法学会经济法学研究会"《经济法典》'总则编'立法研讨会"上，程信和、曾晓昀提交了《经济法典》"总则"编 230 条条目，引起了与会者的热烈关注和高度认同。为探索经济法集成化的最高表现形式——《经济法典》，程信和、曾晓昀合作，于 2021 年上半年发表了导论、总则论、分则论三篇学术论文。[1]

至 2021 年 7 月底，程信和、曾晓昀合作，数易其稿，把《经济法典（总则）》232 条的具体条文编写完成。

2. 国际视野

对于经济法集成化，国际上有过一些实践。

在联合国层面上，《各国经济权利和义务宪章》（1974 年）提出了各国的经济权利、经济义务；《发展权利宣言》（1986 年）则鲜明地提出了国家和公民的发展权利。《2030 年可持续发展议程》（2015 年）指引今后 15 年实现 17 项可持续发展目标。

在世界经济法制发展史上，曾出现过《捷克斯洛伐克社会主义共和国经济法典》（1964 年）。其总目录如下：经济法律关系的原则；总则；国家组织的经济活动；合作社组织的经济活动；社会团体的经济活动；企业注册；经济债通则；供应货物的经济债；基本建设中的经济债、国外工业整体的建设中的经济债；货物运输的经济债；社会主义组织间其他合作形式的经济债；结算和信贷关系；一般规定、过渡规定及结束规定。[2]鉴于该国同时制定有《民法典》《劳动法典》《国际贸易法典》，因此该经济法典只从国家领导国民经济的角度进行规定，"综合调整"，"领导国民经济以及社会主义组织经济活动中所产生的关系"。[3]尽管由于历史的原因，这部经济法典没有

---

〔1〕 程信和、曾晓昀："经济法典：经济法集成化之历史大势"，载《政法学刊》2021 年第 1 期，第 92~101 页；程信和、曾晓昀："经济法典'总则'论"，载《法治社会》2021 年第 2 期，第 57~72 页；程信和、曾晓昀："经济法典'分则'论"，载《法治社会》2021 年第 3 期，第 46~62 页。

〔2〕 中国社会科学院法学研究所民法研究室编：《捷克斯洛伐克社会主义共和国经济法典》，江平译，谢怀栻校，中国社会科学出版社 1981 年版，目录第 1~6 页。

〔3〕 中国社会科学院法学研究所民法研究室编：《捷克斯洛伐克社会主义共和国经济法典》，江平译，谢怀栻校，中国社会科学出版社 1981 年版，目录第 2 页。

坚持下去，但其系统调整国民经济关系的法治观念还是可以借鉴的。

就整体而言，国外尚缺《经济法典》的成功经验，但部分的法典化组合则是有的。《联邦德国经济稳定与增长促进法》（1967年）第1条为"经济政策的总方针"，规定联邦和各州应该通过各种经济和财政措施来达到总体经济的平衡。这些措施的目的在于：在市场经济的体制下促使经济持续地、适当地增长，同时保持物价稳定、高度就业和外贸平衡。该法提出了宏观经济治理的大体框架，相当于"准经济基本法"，对中国亦颇有启示。

笔者认为，经济法集成化首先要有开放性视野。国际经济领域的竞争和合作，必须讲规则。站在中国立场上，我们既要遵守国际通行规则、标准，又要使自己的规则、标准与国际接轨，营造市场化、法治化、国际化的营商环境。因此，国内经济法治与涉外经济法治应当有机结合、互相促进。兼顾国内法治和涉外法治，不是一部经济单行法所能承载的，必须通过法典化的方式才能实现。在走出去、引进来的过程中，以共建"一带一路"的实践为例，国内经济法治有助于应对涉外经济领域逆推影响的各类经济法律风险，涉外经济法治有助于应对国内经济领域扩展蔓延的各类经济法律风险。统筹国内法治与涉外法治，可以展现出《经济法典》的开放性视野。由此可见，在经济法、《经济法典》乃至经济法学中，没有"涉外经济法"这一块是不行的。

其次，经济法集成化要有全球性视野。人类社会最终将从各民族的历史走向世界历史，特别是现在有了互联网这一伟大的工具。中国提出"构建人类命运共同体"，在全世界得到热烈的响应。"人类命运共同体"就是利益共同体、责任共同体。经济法主张社会本位，与"人类命运共同体"的理念最为契合。

这里有必要引入"世界经济法"的概念，统筹提炼世界各国经济法的共性，构建"世界经济法学"。刘文华老师很早就提出了创建"世界经济法学"的主张。他认为："中国经济法揭示了现代经济法必须以现代市场经济为基础。在经济法形成的原因上，我们运用了矛盾方面结合论，使世界经济法的产生得以有统一的规律性的理论。如两个半球，东西合璧，才能形成完整的经济法科学。"〔1〕其后，中青年学者张世明、袁达松、唐晓晴等也都主张推动研究"世界经济法学"。

世界经济法、世界经济法学有基础、有需要、有可能，但它是博弈的产物，需要经历一个长期的过程才能形成。关键在于各主权国家经济利益的协调。社会主义国家与资本主义国家之间、发达国家与发展中国家之间，同一社会制度国家之间，仍存在经济上、政治上、法律上的差别，因而不可能出现超越主权国家利益的、完全一致的"世界经济法""世界经济法学"。但是，经过国际社会的共同努力，"世界经济法——人类命运共同体示范法"是可以被设计出来的。它将弘扬"和平、发展、公平、正义、民主、自由的全人类共同价值"，〔2〕使世界人民"共赢共享"。

中国《经济法典》凝聚中国市场经济建设模式的成功经验，总结和拓展中国走向全面现代化的方案，展示人类命运共同体的共同利益、共同责任，对解决人类发展问题是有益的借鉴。综上所述，统筹中华民族伟大复兴战略全局和世界百年未有之大变局，中国制定《经济法典》"总则"并最终形成《经济法典》，立足本土，放眼全球，是对"世界经济法""世界经济法学"的重大贡献。

三、研究意义

1. 实践意义

第一，为中国全面建成社会主义现代化强国提供"经济宪章"。中国建设模式既确立了市场经济的主导地位，又不放任自流，强调有效市场与有为政府的结合。将中国经济建设模式的成功经验予以法典化，为全面建成社会主义现代化强国提供基本指引，即为《经济法典》，特别是其"总则"。《经济法典》"总则"从法律上确认中国特色社会主义经济制度和发展方式，高度把握社会主义市场经济的主脉搏，更好地发挥经济法对国民经济"固根本、稳预期、利长远"的重要作用，保障、促进国民经济稳定发展。有了《经济法典》"总则"，许多事情就好办了。

---

〔1〕 刘文华：《走协调结合之路》，法律出版社 2012 年版，自序第 25 页。
〔2〕 习近平：《在庆祝中国共产党成立 100 周年大会上的讲话》。

第二，为构建人类命运共同体提供"依法治理经济范本"。《经济法典》"总则"不仅是中国解决自身经济发展的方案，而且必然深刻影响世界，为构建人类命运共同体贡献法治力量，为广大发展中国家的经济发展提供法治鉴照。有外国学者提出，中国的规划经验为世界提供范本，值得其他国家尤其是发展中国家学习。[1]"提供范本"既是国际人士的赞许，也是期待。笔者觉得，中国《经济法典》也应力争起到为世界经济发展"提供范本"的作用。这并非"输出"，而是"共享"。

2. 理论意义

第一，践行习近平新时代中国特色社会主义经济思想、法治思想，在塑造经济法整体形象的同时，构建经济法学崭新的话语体系。在研究如何以整合方式解决经济法的不确定性的过程中，科学界定经济法的宗旨、原则、主体、权利、行为、责任等方面的相关范畴，打造经济法学的标识性概念；系统提供基本的理论遵循，形成经济法学的基础性原理。"概念+原理"构成经济法学的理论体系。

第二，践行习近平新时代中国特色社会主义经济思想、法治思想，借助经济法典、经济法学起点，推进社会科学创新。习近平新时代中国特色社会主义经济思想、法治思想是对社会主义市场经济成功经验的高度提炼，对整个法学乃至社会科学领域的整体发展有着重要的指导意义。《经济法典》"总则"研究是经济法研究的全新起点，必将超越法学界限，辐射经济学、管理学、社会学等学科，在更大的社会科学视野下来认识和解决国民经济和社会发展问题，不断推进社会科学创新。

第二节　基本概念界定

一、国民经济发展法

所谓"国民经济发展法"，是对国民经济运行、治理、发展过程中产生

---

〔1〕　［巴西］罗尼·林斯："中国的规划经验为世界提供范本"，载《人民日报》2019年8月14日。作者罗尼·林斯为巴西中国问题研究中心主任，该文系《人民日报》驻巴西记者陈效卫采访整理。

的经济关系进行调整的法律规范的总称。这是中国经济法的定位。

中国经济法经国家最高立法机关确认，已成为中国特色社会主义法律部门之一，是独立的、基本的、重要的法律部门。国外有学者提出，经济法"从国民经济整体立场出发"。[1]中国学者表示："只有现代经济法，才能胜任国民经济发展法的基本使命。"[2]

我国现有法律中，多处明文规定"国民经济发展"（参见表0-1）。经济法调整国民经济运行中产生的经济关系，包括基础性关系和管理性关系。基础性关系发生于消费者、经营者、劳动者之间，管理性关系发生于国家（政府）与消费者、经营者、劳动者之间。基础性关系与管理性关系密切相连，构成统一的国民经济关系体系。同时，确立经济发展权、经济分配权、经济安全权作为经济法基本权利范畴，可见现代经济法实质上是国民经济发展法。

表0-1　我国现行法律关于"国民经济发展"规定列举表

法律名称	具体规定
《价格法》（1997年）	"与国民经济发展和人民生活关系重大的极少数商品价格"（第18条），"国家根据国民经济发展的需要和社会承受能力"（第26条）
《反垄断法》（2007年）	"经营者集中对国民经济发展的影响"（第27条）
《农业法》（2012年修正）	"满足国民经济发展和人口增长、生活改善的需求"（第3条第2款）
《渔业法》（2013年修正）	"把渔业生产纳入国民经济发展计划"（第3条第2款）
《国防法》（2020年修订）	"国防经费的增长应当与国防需求和国民经济发展水平相适应"（第39条第1款），"与国民经济发展相协调的军人待遇保障制度"（第63条第2款）
《公务员法》（2018年修订）	"公务员的工资水平应当与国民经济发展相协调、与社会进步相适应"（第81条第1款）

---

〔1〕　［日］丰崎光卫："经济法"，姚梅镇译，载《法学评论》1980年第3期［译自日本《世界大百科全书》（第9卷），平凡社1972年版］。

〔2〕　刘文华："关于'经济法通则'立法的基本考察"，载程信和：《经济法通则立法专论》，濠江法律学社2019年版，第141~142页。

二、经济法典

所谓"经济法典",是指法典式的经济法,即经济法的最高表现形式,反映了经济法集成化的历史大势。

"对一国法律进行分科编制而形成具有公力的法律书面之事业",或"将既有法令进行整理编辑而形成法典",或"将新设法令归类编纂而形成一编",此为法典编纂。[1]法典化体现"人类的一种需要","每个人都渴望确保他知道能做什么和不能做什么"。[2]经济法典对国民经济领域的法律规范进行编纂,形成系统性的立法成果,通过法典形式有效地促进国民经济高质量发展。

在法典化时代来临之际,不同法律部门之间互相交流、共同促进。立足于国情和时代,贯彻宪法,《经济法典》可分为总则、分则以及附则。"总则"指导"分则","分则"体现"总则"。

三、《经济法典》总则

所谓"《经济法典》总则",是指对《经济法典》基本问题的规定。这将是《经济法典》的第一编。

《经济法典》总则规定经济法的基本范畴(概念),体现经济法的基本原理。就本书而言,立足经济法是国民经济发展法,总则包括经济法基本规定、国民经济治理现代化制度基础、经济法主体、经济法权利、经济法行为、经济法责任等。

新生事物充满生命力,厘清"总则"的基本思路,有助于从法理高度构筑中国特色、国际视野的话语体系,展示经济法的整体形象和特别功能,从而得出中国特色社会主义市场经济成功的经济学和法学相融合的答案,为经济法学发展提供更广阔的研究视野、研究空间。

---

〔1〕 〔日〕穗积陈重:《法典论》,李求轶译,商务印书馆 2014 年版,第 5 页。

〔2〕 〔美〕罗斯科·庞德:《法理学》(第 3 卷),廖德宇译,法律出版社 2007 年版,第 515 页。

第三节　相关学术思想文献综述

一、国内研究

2019 年，中国法学会经济法学研究会首任会长吴志攀教授溯本追源："制定反映新兴经济法发展规律、适应社会主义现代化建设需要的经济领域基本法，是自芮沐先生开始的、几代经济法学人的初心和使命。"[1]2008年，杨紫烜先生著文，称芮沐老师为"中国经济法学的开拓者和奠基人"。2013 年，李昌麒先生称："芮老是中国经济法学最早的创始人，应当突出他的贡献。我们大家永远怀念他。"

1. 芮沐：经济法的整体性

在改革开放和社会主义现代化建设新时期，芮沐先生与同事们一道，以高度的政治责任感、敏锐的科学眼光和深厚的理论功底，适应改革开放的要求，创建了两门新的法学学科——"经济法"和"国际经济法"，有力地推进了法制建设和法学教育。芮沐先生作为中国经济法学的奠基人、开拓者，提出了"整体经济法论"。

1979 年，芮先生在给研究生讲课的基础上，整理出《美国与西欧的"经济法"和"国际经济法"》一文，以"申徒"笔名发表于《法学研究》1979 年第 5 期。据听过此课、读过此文初稿的学子说："这是当时中国法学界关于经济法学最有分量、最有影响的一篇专论。"

芮先生认为："经济法是世界各国在新的历史条件下产生的法律现象，它的出现具有一定的历史必然性，它是适应这些国家的社会经济的变化而产生的。经济法是这些国家用来在国内管理经济、解决不同经济体制中所发生的具体矛盾和在国际处理国际经济关系并为这些关系中的斗争服务的法。"[2]

芮先生关于国际经济法（学）的基本见解，可概括为"国际的经济法"，与"经济的国际法"有同有别。

---

〔1〕　转引自程信和、曾晓昀："经济法典'总则'论"，载《法治社会》2021 年第 2 期，第 70页。

〔2〕　芮沐：《芮沐文集》，北京大学出版社 2020 年版，第 282 页。

芮先生在一份总结材料中表示："研究经济法和别的法律部门不一样，应同时考虑经济问题和法律问题，并且要纵横兼顾，宏观和微观并重，公法与私法同时处理；在处理国际经济法问题时，则应该是国际法和国内法并重，但立足的主要方面是国内法。"其中，"公法与私法同时处理"一句还加了着重号。

根据芮先生的意见，经济法是指调整国民经济活动——生产及与之相应的交换、分配、消费——关系的法律规范的庞大、复杂的概念，应当把一国的经济法律当作一个整体看待；经济法是"最直接地"调整社会经济关系的；在特定历史条件下出现的经济法是公法、私法界限基本消失的法律现象；经济法和国际经济法是为经济斗争服务的；研究经济法，既要懂经济，又要懂法律。芮先生强调："经济法的这种整体观念，较其他法更为显著。经济法的体系性或内在逻辑性也就在这里。"[1]由此，他形成了独具一格的"整体经济法论"。经济法集成化的理论基础，即于此发端。

2008年9月，北京大学为芮沐教授百岁华诞举行庆贺会。作为学生，程信和发言认为，芮先生对"经济法、国际经济法"的创见，可以被归纳为以下六点：第一，经济问题与法律问题同时考虑，以法律服务经济；第二，纵向关系与横向关系统筹兼顾，以纵向带动横向；第三，宏观领域与微观领域二者并重，以宏观统率微观；第四，公法规范与私法规范一并应用，以国家因素主导管理；第五，国内法与国际法兼容互动，以国内法作为基本立足点；第六，创立新兴的法律形态和法学学科，立足实际，着眼发展。[2]为避免谬解，庆贺会之前这六条曾呈送芮老审阅，他看完之后立即伸出大拇指，表示首肯。

杨紫烜、刘文华、徐杰、李昌麒等经济法学界前辈也都是主张要制定"经济基本法"或"基本经济法"的。就此意义而言，各位前辈都立足于"整体经济法论"。

2. 杨紫烜：经济运行中的国家协调

1985年冬，杨先生率先提出制定基本经济法——《中国经济法纲要》，

---

〔1〕 芮沐：《芮沐文集》，北京大学出版社2020年版，第312页。

〔2〕 程信和："经济法之原创性——芮沐先生经济法学术思想心得"，载《北京大学学报（哲学社会科学版）》2008年第4期，第144页。

并与刘文华、徐杰、李昌麒等同道以及学生一起上书倡议。

杨先生创立了"国家协调论"。他认为："经济法调整的特定经济关系是在国家协调的本国经济运行过程中发生的经济关系。"[1]请注意"经济运行"这个重要前提。他分析了经济法的意旨："当代经济法学者认为，经济法是调整特定经济关系即物质利益关系的，其目的在于为各类经济法主体之间物质利益的分配提供法律保障。从这个意义上来说，经济法实质上就是分配法。"[2]请注意"分配法"这个重要判断。

杨先生对经济法基本理论的探索，特别表现在《国家协调论》一书"结论"部分所提炼的"经济法见解六十条"中。[3]

程信和回忆道，他在北大学习、工作的 6 年期间，深感芮沐、杨紫烜等先生对中国经济法（学）的设计主张，与国家的改革开放和社会主义现代化建设同步前行。他们把理论和实践紧密地结合了起来。

3. 刘文华：走协调结合之路

2000 年，在重庆举行的全国第八届经济法理论研讨会上，刘先生受命作总结发言。他将大家对经济法基本理论的意见概括为五点：独立部门；社会本位；宏观调控；市场规制；企业基础。[4]

刘先生主张从经济法的发展历史来研究经济法。在中国，则要以改革开放为基调，这与西方国家经济法的形成是完全不同的。他坚决反对用所谓"经济行政法"取代经济法。他认为，经济法中若没有企业主体地位，经济法还有什么活力呢。他说："在中国经济法理论中，国家与企业的关系是一个关键问题。"从而发出宣言式的表态：国家与企业的互动是"我的经济法理论与各种'公法论''国家论'的根本区别所在"。经济法是"以公为主、公私结合"的法。[5]

经过长期研究，他以社会基本矛盾作为解释和解决经济法问题的理论基

---

〔1〕　杨紫烜：《国家协调论》，北京大学出版社 2009 年版，第 419 页。

〔2〕　杨紫烜：《国家协调论》，北京大学出版社 2009 年版，第 92 页。

〔3〕　杨紫烜：《国家协调论》，北京大学出版社 2009 年版，第 413~430 页。

〔4〕　刘文华："关于'经济法通则'立法的基本考察"，载程信和：《经济法通则立法专论》，濠江法律学社 2019 年版，第 141 页。

〔5〕　刘文华："关于'经济法通则'立法的基本考察"，载程信和：《经济法通则立法专论》，濠江法律学社 2019 年版，第 142 页。

础，对经济法作出了新的表述："经济法是协调解决社会整体利益与社会个体利益之间的矛盾，以及协调解决与社会整体利益直接相关的社会个体利益之间矛盾的法律部门。"〔1〕2013 年，他在一次会议上表示，如果要称什么"论"的话，他的经济法学说可称"社会协调论"。

刘先生分析了东、西方国家经济法的共性与个性，提出了创建"世界经济法学"的主张，但强调"不能以西方经济法的个性作为世界经济法的共性，更不可以西方经济法的个性当作中国经济法的个性"。

2018 年 8 月，刘先生向"制定经济法通则全国第一次学术研讨会"发出贺信——《不忘初心，不负时代》。〔2〕2018 年 12 月，他热情称赞："这是中国经济法学界一项很有意义的创造，一项很有价值的工程。老、中、青学者都出动了。"〔3〕他坚定表示："只有现代经济法，才能胜任国民经济发展法的基本使命。"〔4〕"只有""才能"，斩钉截铁，掷地有声。

4. 徐杰：国民经济运行中的国家管理和协调

徐先生深入论证并坚定维护新兴经济法的独立地位。他提出："经济法是调整国民经济管理和经济组织在经济活动中产生的关系的法律规范的总称。"〔5〕随后，他在《论经济法的产生和发展》一文中指出："经济法是调整国家管理和协调经济运行过程中发生的经济关系的法律规范的总称。"〔6〕请注意，"经济运行"是过程，国家的作为是"管理和协调"。这与社会主义市场经济的实践是合拍的。

徐先生在其后的《论经济法的立法宗旨》一文中指出，经济法是典型的

---

〔1〕 刘文华："关于'经济法通则'立法的基本考察"，载程信和：《经济法通则立法专论》，濠江法律学社 2019 年版，第 141 页。

〔2〕 刘文华："不忘初心，不负时代——制定经济法通则第一次学术研讨会贺信"，载程信和：《经济法通则立法专论》，濠江法律学社 2019 年版，第 138~139 页。

〔3〕 刘文华："关于'经济法通则'立法的基本考察"，载程信和：《经济法通则立法专论》，濠江法律学社 2019 年版，第 140 页。

〔4〕 刘文华："关于'经济法通则'立法的基本考察"，载程信和：《经济法通则立法专论》，濠江法律学社 2019 年版，第 141~142 页。

〔5〕 徐杰："经济法基础知识讲座"，载《辽宁大学学报（哲学社会科学版）》1981 年第 1 期，第 84 页。

〔6〕 徐杰："论经济法的产生和发展"，载漆多俊主编：《经济法论丛》（第 1 卷），法律出版社 1999 年版。

"社会本位"法。"作为保障国家对经济运行管理和协调的经济法必须以社会的整体利益为最高准则，既保证国家权力对社会经济的宏观调控和有效协调，同时又保证经济个体在市场竞争中的权利、自由和平等，实现个人利益和社会利益的有机统一和平衡。"[1]

徐先生支持制定"基本经济法"。2019 年 8 月 3 日，徐先生满怀信心地表示："现在的情况与 1985 年那时相比，确实大不一样，经济法系统化立法的条件已经成熟。"

5. 李昌麒：经济法语境下的国家干预

李先生创立了"国家干预论"。为防止误解，他后来又写了《论经济法语境中的国家干预》一文，希望形成对"需要国家干预说"的全方位的认识。[2]他认为，经济法研究中还有一个更为上位的理论命题，那就是经济法理念，包括适度干预。经济法是公法规范、私法规范兼而有之的"第三法域"。

李先生高度肯定了中青年学者对经济法理论的贡献，为年轻人鼓与呼、导航向。[3]

李先生重点关注三个内容：第一，人间辛苦是"三农"。1999 年 6 月，李先生在中共中央主办的法制讲座上主讲了《依法保障和促进农村改革、发展和稳定》的专题。这位"心系农民的经济法学者"实际上给经济法教学研究提出了一个尖锐的问题：经济法教科书中怎么能没有"农业法"这一重要内容呢？第二，企业发展。他认为，经济法横空出世，贡献甚大，但光讲宏观调控、市场监管这两块还不够，企业发展也很重要，国家一直非常重视这个问题。第三，社会分配法。鉴于分配关系的法律调整一直未能引起经济法学界的广泛注意，因此他的论证体系一直把社会分配法作为整个经济法体系中的一个子部门法加以论述。

〔1〕 徐杰："论经济法的立法宗旨"，载徐杰主编：《经济法论丛》（第3卷），法律出版社 2002 年版，第 9 页。

〔2〕 李昌麒："论经济法语境中的国家干预"，载《重庆大学学报（社会科学版）》2008 年第 4 期，第 85~92 页。

〔3〕 李昌麒："发展与创新：经济法的方法、路径与视域（上）——简评我国中青年学者对经济法理论的贡献"，载《山西大学学报（哲学社会科学版）》2003 年第 3 期，第 27~40 页；李昌麒："发展与创新：经济法的方法、路径与视域（下）——简评我国中青年学者对经济法理论的贡献"，载《山西大学学报（哲学社会科学版）》2003 年第 4 期，第 25~33 页。

李先生主张制定"经济基本法"。[1]2018 年 8 月，他向"制定经济法通则全国第一次学术研讨会"发出贺信——《坚守使命，推动发展》。他以诗一般的语词激励中青年："推动经济法的发展，就是要有那么一股神形并茂的大气，那么一种坚守使命的执着。"[2]2020 年 12 月 7 日，时逢大雪，李先生致函程信和：今日大雪，欣闻经济法学界兴起讨论《经济法典》问题，喜而赋词《风雪行》，与诸位同仁共勉之。其词云："经济法典，志存高远。治理协同，宏微并展。福祉为民，堪称必选。大雪何妨，诸君共勉。励精图治，力促实现！""志存高远""力促实现"，既是期待，也是号角。

行文至此，笔者不禁要高呼：向中国经济法学的光荣旗帜——以芮先生、杨先生、刘先生、徐先生、李先生等为代表的诸位老前辈学习、致敬！

二、国外研究

1. 法国学者

经济法与分配法从来有缘。空想社会主义者曾把经济法与分配法当成同义语，称为"分配法或经济法"[3]、"分配法和经济法"。[4]不过，那时的经济法术语尚不具备现代意义。

经济法的定位。探讨经济法是"普遍经济利益法"，由此从宏观经济、部门行动、微观经济等方面进行具体探寻。[5]经济法规则着重于"规则的变动性""所用概念的可塑性""或多或少带有惩戒性""法律关系和法律概念的客体化"等。[6]

经济法的主体。经济法的重大主题包括国家和企业（如企业内部关系、

---

〔1〕 李昌麒："关于制定《中华人民共和国基本经济法》的几个问题"，载《当代法学》1991年第 4 期，第 31~32 页。

〔2〕 李昌麒："坚守使命，推动发展——制定经济法通则第一次学术研讨会贺信"，载程信和：《经济法通则立法专论》，濠江法律学社 2019 年版，第 144 页。

〔3〕 ［法］摩莱里：《自然法典》，黄建华、姜亚洲译，商务印书馆 1982 年版，第 107 页。

〔4〕 ［法］泰·德萨米：《公有法典》，黄建华、姜亚洲译，商务印书馆 1982 年版，第 30 页。

〔5〕 ［法］罗伯·萨维："法国法律上的经济法概念"，理钧译，王名扬校，载《环球法律评论》1983 年第 5 期，第 29~36 页 ［原载 ［德］吉德·林克编：《经济法的概念和原则》，法兰克福1971 年版（原文法文）］。

〔6〕 ［法］阿莱克西·雅克曼、居伊·施朗斯：《经济法》，宇泉译，商务印书馆 1997 年版，第 87~95 页。

企业间关系、企业和政府当局的关系）、国家和行政单位。[1]

2. 德国学者

第一次世界大战结束之后的德国因被称为"经济宪法"的《魏玛宪法》[2]和一系列经济法律的制定，以及德国学者对此展开的一系列研究而成了现代经济法、经济法学的发源地。

经济法的定义。例如，"经济法是在一般原则上和通过总体或个别干预调整经济财产的流转安排的自由和其定分归属，在被确立的经济宪法框架内，保障依据经济正义的尺度所衡量的经济公民的自我发展和供给的重要法律规范的总和"。[3]在此基础上学界还提出了"一般经济法"与"特殊经济法"的划分。[4]

经济法的基础。例如，从最高价值"自由人格"、国家权力的限制以及合理化、社会国原则与市场经济等角度探讨"基础"；从限权制度本身、物质生产的权限、竞争保障的权限、经济监管和经济调控的权限等角度探讨重要权限及其分配。[5]

"经济公法"。经济法分为经济刑法、经济公法、私经济法。其中，"经济公法"是指"所有的调整经济的法律和所有的把国家和其他公权力主体纳入调整范围的法律规范"，包括经济宪法、经济行政法、竞争公法。[6]从经济政策、内部经济监督和外部经济监督、经济调控、经济促进、经济信息、经济计划、私有化、放松管制和"瘦身国家"等角度探讨经济公法的任务和

〔1〕 ［法］阿莱克西·雅克曼、居伊·施朗斯：《经济法》，宇泉译，商务印书馆 1997 年版，第 83~84 页。

〔2〕 参见张君劢：《魏玛宪法》，商务印书馆 2020 年版，目次。

〔3〕 ［德］沃尔夫冈·费肯杰：《经济法》（第 1 卷），张世明、袁剑、梁君译，中国民主法制出版社 2010 年版，第 3 页。

〔4〕 ［德］沃尔夫冈·费肯杰：《经济法》（第 1 卷），张世明、袁剑、梁君译，中国民主法制出版社 2010 年版，第 5~6 页。

〔5〕 ［德］弗里茨·里特纳、迈因哈德·德雷埃尔：《欧洲与德国经济法》，张学哲译，法律出版社 2016 年版，第 127~166 页。

〔6〕 ［德］乌茨·施利斯基：《经济公法》（2003 年第 2 版），喻文光译，法律出版社 2003 年版，第 4、6 页。

目标。[1]

卡特尔法。例如，在协调效应与共同市场支配中思考与市场相关的因素，如市场进入、典型的交易、成长型市场、创新、经济景气的变化、经济活动的地域分布等。[2]

3. 日本学者

经济法的定位。经济法的基本性质被界定为："经济法是以通过国家的力量来维持现代资本主义体制为目的的经济政策立法。"[3]具体考察经济法的性质特征，如"市场法、竞争法""社会法""从'人'到特殊部分的社会人""'法与经济'学问上的互补"。[4]"经济法正是跨于公法、私法两个领域，并也产生着这两者相互牵连以致相互交错的现象。"[5]经济法承继了民法，发展了民法，超越了民法"界限"。[6]

经济法的分类。日本学者将经济法分为一般经济法（"竞争秩序法：维持公平自由的竞争规则"）与特别经济法（"狭义的经济规制法：对参与市场、费用、交易条件等的直接管制"）。[7]也有将经济法分为经济秩序法和经济统制法的。[8]

经济法的域外适用。探讨经济法的域外适用原理（如部分行为原理、行为归属理论、效果理论、保护主义），考察各国域外适用的实际情况（如立

〔1〕［德］乌茨·施利斯基：《经济公法》（2003年第2版），喻文光译，法律出版社2003年版，第115~131页。

〔2〕［德］乌尔里希·施瓦尔贝、丹尼尔·齐默尔：《卡特尔法与经济学》，顾一泉、刘旭译，法律出版社2014年版，第409~430页。

〔3〕［日］小杉荣一："经济法"，张宇霖译，邹焕生、魏淳校，载《环球法律评论》1984年第1期，第13页（原载日本《经济》1982年5月第217号，《经济危机时代和经济学》专辑，新日本出版社出版）。

〔4〕［日］丹宗昭信、伊从宽：《经济法总论》，吉田庆子译，中国法制出版社2010年版，第148~166页。

〔5〕［日］金泽良雄：《经济法概论》，满达人译，中国法制出版社2005年版，第33页。

〔6〕［日］丹宗昭信、厚谷襄儿：《现代经济法入门》，谢次昌译，群众出版社1985年版，第59页。

〔7〕［日］丹宗昭信、伊从宽：《经济法总论》，吉田庆子译，中国法制出版社2010年版，第434页。

〔8〕［日］丰崎光卫："经济法"，姚梅镇译，载《法学评论》1980年第3期，第1~4页［译自日本《世界大百科全书》（第9卷），平凡社1972年版，第59~61页］。

法管辖权、执行管辖权)。[1]

竞争法的领域。一是立法宗旨。立足市场经济时代，探讨竞争的经济目的、社会目的。[2]也有学者认为，反垄断法的目的在于实现公正自由的竞争、效率性、经济民主、法的多元目的、维持竞争条件等。[3]二是行为类型。例如，探讨私的独占、不公正交易等。[4]

4. 英国学者

经济法的定位。英国学者认为"经济法是由国家对工商和金融事务进行干预的法规构成"，"经济法应位于商法与行政法之间"，"它与商法分享对经济事务的调整，与行政法分担政府管理的职能"。[5]

经济法的体系。经济法可大致分为"财政法规""关于竞争的经济法规""物价与所得方面的法规""保护消费者的法规"。[6]

5. 美国

经济法的研究方法。有学者引入了符号学思考法律和市场经济。[7]

反托拉斯法。在市场的公共管制中关注反托拉斯法，[8]探讨反托拉斯法的执行（如救济、程序改革）。[9]

6. 苏联学者

经济法的定位。"把经济法列为一门独立的法律，来处理行政法和民法

---

〔1〕［日］小原喜雄："经济法域外适用的法律原理"，雷法译，启新校，载《现代外国哲学社会科学文摘》1986 年第 6 期，第 46~48 页（译自小原喜雄《现代经济法入门》1981 年版）。

〔2〕［日］川濵昇等：《ベーシック経済法——独占禁止法入門》（第 5 版），有斐閣 2020 年版，第 1~2 页、第 9~20 页。

〔3〕［日］岸井大太郎等：《経済法——独占禁止法と競争政策》（第 9 版），有斐閣 2020 年版，第 7~9 页。

〔4〕［日］泉水文雄：《経済法入門》，有斐閣 2018 年版，目次第 3~5 页。

〔5〕［英］施米托夫：《国际贸易法文选》，赵秀文选译，中国大百科全书出版社 1993 年版，第 32 页。

〔6〕［英］施米托夫：《国际贸易法文选》，赵秀文选译，中国大百科全书出版社 1993 年版，第 33 页。

〔7〕［美］罗宾·保罗·马洛伊：《法律和市场经济——法律经济学价值的重新诠释》，钱弘道、朱素梅译，法律出版社 2006 年版，第 24~59 页。

〔8〕［美］理查德·A. 波斯纳：《法律的经济分析》（上、下），蒋兆康译，中国大百科全书出版社 1997 年版，第 375~420 页。

〔9〕［美］理查德·A. 波斯纳：《反托拉斯法》（第 2 版），孙秋宁译，中国政法大学出版社 2003 年版，第 205~336 页。

交接处的现象，可以填补一些既不属于行政法又不属于民法的复杂情况研究中的空白。"[1]这一观点颇有价值。20世纪90年代，又有学者重新思考经济法，将其定位为"经营活动法"。[2]

经济法的特征。经济法特征包括经济关系、主体成分、调整方法（从属、协商、建议）。[3]

经济法的原则。例如，政治领导和经济领导的统一、在社会主义所有制基础上进行经济活动、民主集中制、计划性、经济核算、经济关系中的社会主义法制等原则，还有部门和地区相结合原则、不断完善领导经济的形式和方法原则。[4]

经济立法的思想。探讨列宁的经济立法思想，如民主集中制、经济核算制、努力加强经济关系中的社会主义法制原则。[5]

经济法学总论。有学者主张经济法学总论包括经济法概念、经济法主体、社会主义经济中有关财产的法律制度、经济核算与经济刺激的法律形式、经济义务、对经济活动结果的责任、经济权利的保护。[6]

制定苏联《经济法典》。有学者认为经济法典规定"调整经济关系的一般规则和基本原则"，[7]与《经济法典》"总则"相关的内容有一般原则、经济关系参与人、经济机关的财产、经济债一般原则、经济制裁、经济权利

---

〔1〕〔苏〕B.M.切克瓦泽、C.Л.齐弗斯："苏联和东欧国家的经济法问题"，蒋恩慈摘译，吴耀辉校，载《现代外国哲学社会科学文摘》1981年第1期，第45页（译自1974年版《国际比较法百科全书》第2卷第2章）。

〔2〕〔俄〕B.B.拉普捷夫："经济法——经营活动法"，李亚男译，伍元校，载《环球法律评论》1993年第4期，第84~91页（原载俄《国家和法》1993年第1期）。

〔3〕〔苏〕B.K.拉伊赫尔："关于经济法理论"，任正摘译，载《环球法律评论》1980年第6期，第23页（原载苏联《苏维埃国家和法》1980年第8期）。

〔4〕〔苏〕B.B.拉普捷夫："经济法：方法、目的、原则"，赵玉龄译，任正校，载《环球法律评论》1984年第6期，第21~24页（原载苏联《社会科学》1984年第3期）。

〔5〕〔苏〕И.彼得罗夫："列宁与经济立法"，杨紫烜摘译，载《中外法学》1984年第5期，第9~11页（原载《经济与法》1980年第4期）。

〔6〕〔苏〕B.拉普杰夫："经济法科学发展的问题"，王熙瑞摘译，赵国琦校，载《国外社会科学》1981年第12期，第65页（原载《苏联科学院通报》1980年第8期）。

〔7〕〔苏〕B.B.拉普捷夫：《经济与法》，董晓阳、张达楠译，法律出版社1988年版，第23页。

的保护等。[1]推进法典制定，探讨集中性和法规的部门系统性、本部门法律以下的其他所有文件都服从于它、立法公开、通俗易懂（通用）。[2]有学者剖析了苏联《经济法典（草案）》的立法背景，梳理了当时苏联学界对《经济法典》立法意义、调整对象、基本内容的看法。[3]当年苏联法学、经济学界讨论《经济法典》的一些设想，对我们今天研究制定中国《经济法典》，也有一定的启示意义。

第四节　研究思路

一、研究导引

习近平同志号召"实现中华民族伟大复兴"，我们一切奋斗、一切牺牲、一切创造的这个主题，也正是制定《经济法典》的主题。总结好、运用好党关于新时代加强法治建设的思想理论成果，更好指导全面依法治国各项工作。我们必须深入学习领会习近平新时代中国特色社会主义法治思想，将之贯彻落实到经济建设、经济法治的实践创新和理论创新之中，准确把握《经济法典》总则的立法工作，开拓经济法的新境界。

1. 指南

以"市场经济应该是法治经济"为基点，为新时代经济法确定方位。必须厘清政府与市场、社会的边界，直接、综合调整国民经济运行中产生的经济关系。经济法以经济发展权为核心，是国民经济发展的基本法。

以宪法为依据，为经济法集成化奠定根基。在《宪法》的统帅下，将国民经济领域的多部法律（已有的和应有的）编纂为《经济法典》，首当其冲

---

〔1〕　[苏] B. B. 拉普捷夫主编：《经济法理论问题》，中国人民大学法律系民法教研室译，中国人民大学出版社 1981 年版，第 34 页。

〔2〕　[苏] B. 阿列克谢耶夫："经济机制与经济法"，施厚生摘译，载《中外法学》1983 年第 4 期，第 3 页（原载《共产党人》1982 年第 4 期）。

〔3〕　"苏联科学院哲学和法学部、经济学部讨论苏联经济法典草案"，吴任摘译，载《环球法律评论》1986 年第 2 期，第 72~75 页（原载苏联《苏维埃国家和法》1985 年第 11 期）；[苏] 安德列耶夫："苏联讨论经济法典草案"，马柳春摘译，士琳校，载《现代外国哲学社会科学文摘》1986 年第 9 期，第 17~19 页（原载苏联《苏维埃国家和法》1985 年第 11 期）。

的是要填补"经济法总则"这一空白。

以贯彻新发展理念、推进国民经济治理现代化为指引,为经济法法典化谋定格局。新发展理念是一个系统的理论体系,必须完整、准确、全面贯彻。创新发展、协调发展、绿色发展、开放发展、共享发展,促进国民经济发展的科学化、规范化、法治化,构成《经济法典》的格局。

2. 实践

以高质量发展为主题,为经济法发出任务。新时代的经济法,就是要围绕这一主题,推进实现更高质量、更有效率、更加公平、更可持续、更为安全的发展。

以市场运行、宏观经济治理和供求循环等为路径,为经济法推出发展权内容。促进经济发展,拓宽经济格局。

以收入分配为手段,为经济法推出分配权内容。统筹发展和分配,促进经济公平,提升经济民生。

以经济安全为保障,为经济法推出安全权内容。统筹发展和安全,促进经济安全,保障经济命脉。

3. 回应

以实现全体人民平等发展、共同富裕为目标,为经济法切入人民本位。社会主义经济法的社会本位即人民至上,现在必须更加注重共同富裕。

以维护国家主权、安全、发展利益为底线,为经济法注入国家观念。社会主义经济法的社会本位与国家核心利益是一致的,越是开放越要重视国家安全问题。

以推动构建人类命运共同体为担当,为经济法添入世界情怀。社会主义经济法的社会本位与构建人类命运共同体最为契合,中国倡导的人类命运共同体理念在国际社会得到了高度赞同。体现市场经济成功之道的《经济法典》,不仅具有中国意义,而且必将发生世界影响。一个时代要有一个时代的法治标志,21世纪中国对于人类法治的最大贡献或许就是作为经济宪章的《经济法典》。

总之,以习近平新时代中国特色社会主义法治思想为研究指引,《经济法典》"总则"要打造融通世界的新概念、新道理、新表述,宣介从中国实践中升华的主张、智慧、方案。

二、研究框架

1. 章节设计

绪论。阐明研究的问题、背景及意义，界定基本概念，进行相关文献综述，提出研究思路。

第一章，经济法定位。明确经济法定位，包括立法宗旨与任务、基本原则、法律适用规则。作为论著，第一章题为"经济法定位"；若作为条文设计时，第一章则题为"基本规定"。

第二章，国民经济治理现代化制度基础。坚持公有制为主体、多种所有制经济共同发展，坚持按劳分配为主体、多种分配方式并存，实行社会主义市场经济，保障国民经济在法治轨道上运行、推动高质量发展的制度合力。

第三章，经济法主体。从市场主体、国家经济管理主体以及社会力量主体等角度对经济法主体体系进行探讨。

第四章，经济法权利。论证各类主体通有的基本权利和适用于特定主体（市场主体、国家经济管理主体、社会力量主体）的具体权利，同时考察权利客体。

第五章，经济法行为。界定经济法行为，分析对各类主体行为的促进性举措与约束性要求。

第六章，经济法责任。着重探讨本来意义上的特别责任与事后追究的法律责任，提出经济纠纷解决措施。

结语。归纳基本结论，点出创新之处及未来研究方向。

2. 研究框架图

```
┌─────────┐
│  绪  论  │
└────┬────┘
     ↓
┌──────────────────┐      ┌──────────────────┐
│第一章  经济法定位  │──────│  立法宗旨与任务     │
└────┬─────────────┘  ├───│  基本原则          │
     │                 └───│  法律适用规则       │
     ↓
┌──────────────────┐      ┌──────────────────────────────────┐
│                  │──────│ 基本经济制度贯彻之一：             │
│                  │      │ 坚持公有制为主体、多种所有制经济共同发展│
│第二章  国民经济治理 │  ├───│ 基本经济制度贯彻之二：             │
│现代化制度基础      │  │   │ 坚持按劳分配为主体、多种分配方式并存 │
│                  │  ├───│ 基本经济制度贯彻之三：             │
│                  │  │   │ 实行社会主义市场经济               │
│                  │  └───│ 国民经济在法治轨道上运行、          │
│                  │      │ 推动高质量发展的制度合力            │
└────┬─────────────┘
     ↓
┌──────────────────┐      ┌──────────────────────────────────┐
│                  │──────│ 基本主体之一：市场主体             │
│第三章  经济法主体  │  ├───│ 基本主体之二：国家经济管理主体       │
│                  │  └───│ 相关主体：介于基本主体之间、与       │
│                  │      │ 经济活动相关的社会力量主体          │
└────┬─────────────┘
     ↓
┌──────────────────┐      ┌──────────────────────────────────┐
│                  │──────│ 经济权利（权力）                  │
│                  │  ├───│ 各类主体通有的基本权利             │
│                  │  ├───│ 市场主体的权利（权益）             │
│第四章  经济法权利  │  ├───│ 国家经济管理主体的权利（权力和权利）  │
│                  │  ├───│ 与经济活动相关的社会力量主体的       │
│                  │  │   │ 权利（准权力和权利）               │
│                  │  └───│ 权利客体                          │
└────┬─────────────┘
     ↓
┌──────────────────┐      ┌──────────────────┐
│                  │──────│ 经济法行为的界定    │
│第五章  经济法行为  │  ├───│ 对主体行为的促进性举措│
│                  │  └───│ 对主体行为的约束性要求│
└────┬─────────────┘
     ↓
┌──────────────────┐      ┌──────────────────┐
│                  │──────│ 责任的确定         │
│第六章  经济法责任  │  ├───│ 本来意义上的特别责任 │
│                  │  ├───│ 事后追究的法律责任   │
│                  │  └───│ 经济纠纷解决        │
└────┬─────────────┘
     ↓
┌─────────┐
│  结  语  │
└─────────┘
```

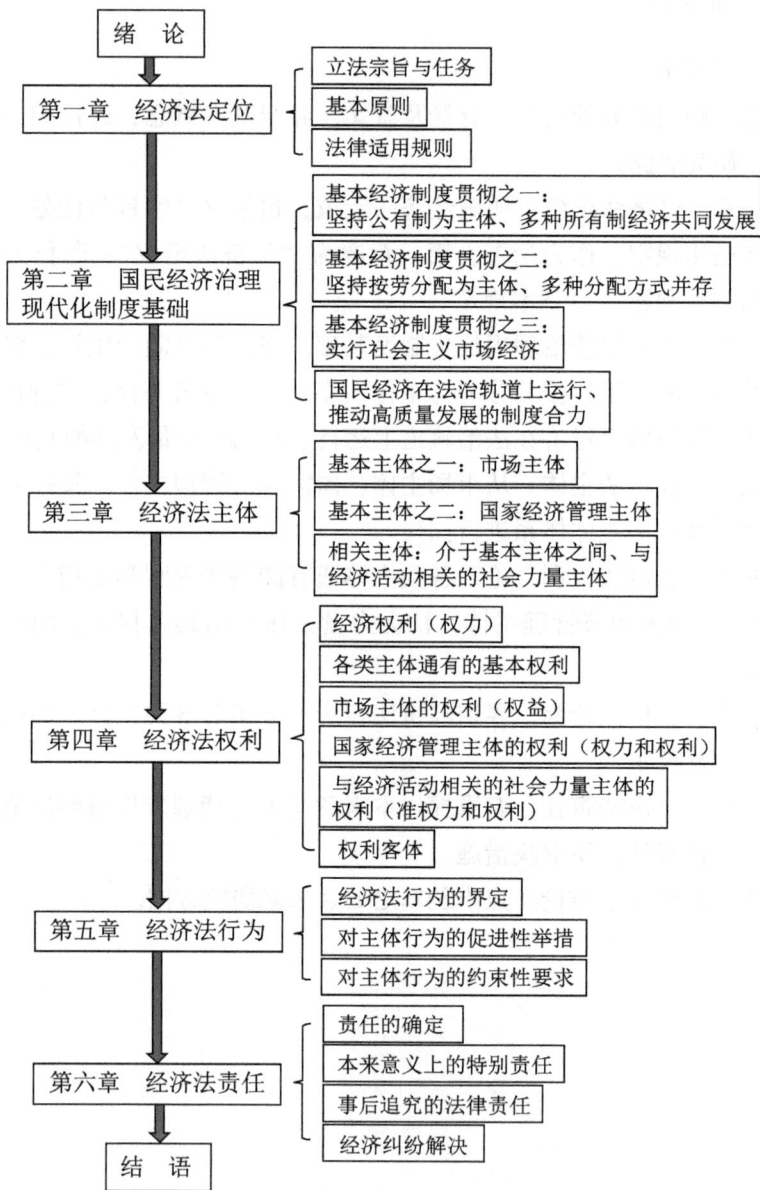

图 0-1　《经济法典》"总则"研究框架图

三、研究方法

1. 规范分析

法是社会规范，而经济法作为法的一类，是行为规范、管理规范、裁判规范三合一的法律载体、法治工具。规范分析是法学的研究方法，经济法学总论、经济法典"总则"研究更应如此。要以马克思主义哲学、经济学和法学为指导，创建新兴的法律部门和法学学科。

加强马克思主义哲学中国化理论的指导。理论联系实际，促进《实践论》及其在当代的发展运用，将经济法典"总则"研究与中国市场经济实践结合。坚持辩证分析，促进《矛盾论》及其在当代的发展运用，用辩证唯物主义观点思考经济法典"总则"。

经济法面临的首先是经济学，然后才是法学。我们应学习领会马克思主义政治经济学基本原理和方法论，准确回答我国经济发展的理论和实践问题，并将之有机体现到经济法典"总则"研究之中。

坚持马克思主义法学的指导。马克思主义法学真正揭示了法的本质及其发展规律。经济法（学）是适应市场经济而产生和发展的，具有旺盛的生命力。要揭示经济法典"总则"致力于促进国民经济高质量发展，不断满足全体人民日益增长的物质文化生活需要，符合法的发展规律的实质。

必须继续提炼经济法（学）的标识性概念和基础性原理。这种"标识性概念和基础性原理"，正是经济法（学）总论、经济法典"总则"研究的规范分析。同时，还要将规范分析与实证分析结合起来。相比而言，经济法（学）分论更多地运用实证分析。

2. 系统分析

系统分析是法学的研究方法，经济法学总论、经济法典"总则"研究更是如此。十九届五中全会强调，"坚持系统观念"。习近平同志提出："加强改革系统集成，激活高质量发展新动力。"[1]经济法是国家的基本法律部门之一，要从国家法律体系的高度对经济法予以定位。

钱学森等教授主张，运用系统工程的理论和方法，构建"法制（法治）

---

〔1〕 习近平：《在浦东开发开放30周年庆祝大会上的讲话》。

系统工程"。[1]"社会主义市场经济中法治、法制是至关紧要的"，"法制体系就要用系统工程的思想，是法治系统工程和法制系统工程"，"现代系统工程及电子技术是完全可以做到的"，"我希望法学界同志能同系统工程专业工作者和电子信息专业工作者联合共创此社会主义伟业"。[2]法治系统工程就是发挥各个组成要素合力的。各项工作都要贯彻系统观念。故而，《经济法典》"总则"，设计宗旨、原则、权利、行为、责任等通用规定，各个章节要求前后呼应、浑然一体，提出为保障国民经济在法治轨道上运行的法理设计。

特别需要指出的是，《经济法典》"总则"设计五大板块的制度合力，指引"分则"具体制度设计。一是市场运行制度板块，意在引起《经济法典》"分则"部分之一：市场运行法制度。二是宏观经济治理制度板块，意在引起《经济法典》"分则"部分之二：宏观经济治理法制度。三是供求循环制度板块，意在引起《经济法典》"分则"部分之三：供求循环法制度。四是收入分配制度板块，意在引起《经济法典》"分则"部分之四：收入分配法制度。五是经济安全保障制度板块，意在引起《经济法典》"分则"部分之五：经济安全保障法制度。

3. 法条分析

法条分析是法学的研究方法，经济法学总论、经济法典"总则"研究也是如此。

《立法法》（2015年修正）第6条规定："立法应当从实际出发，适应经济社会发展和全面深化改革的要求，科学合理地规定公民、法人和其他组织的权利与义务、国家机关的权力与责任。法律规范应当明确、具体，具有针对性和可执行性。"

法条分析强调立足法条本身，关注每个法条的立法背景、基本依据、形式设置与内容布局，以及法律用语，提高法条的针对性、权威性、实效性。

立法条文的数量取决于它解决什么问题、怎样解决这些问题。我们过去

---

〔1〕 钱学森等：《论系统工程》（增订本），湖南科学技术出版社1988年版，第387页。
〔2〕 "钱学森致程信和函"（1993年10月25日），载《钱学森书信选》编辑组编：《钱学森书信选（1992.1-2000.7）》（下卷），国防工业出版社2008年版，第822页。

设计《经济法通则》时，"总则"列出 100 条；现在设计《经济法典》，"总则"拟列 232 条。本书遵循立法规律，在逐一探讨法理说明的基础上，相应设计具体条文。通过"法理说明"指引"具体条文"设计，通过"条文设计"反映"法理说明"要义，意在为《经济法典》"总则"提供初铸"样本"。

4. 逆向思维

正向思维指常规分析，如制定经济法典的必要性、可行性和框架结构。逆向思维指反面分析，如分析经济法典制定的困难、疑惑。逆向思维也是法学的研究方法，经济法学总论、经济法典"总则"研究均可采用。

逆向思维还要求换位思考。即站在立法者、企业家、其他法学领域研究者等角度，比较分析没有被经济法研究者注意到的问题，或者超越了经济法界限的问题。

截至现在，中国关于经济的法律、法规数量甚多，但最大的短板是没有"总则"。《经济法典》原创性要求很高，其中"总则"属于全新的立法。从目标倒回到现状，我们必须运用逆向思维探索出路。

可以认为，目前《经济法典》的设计存在三个不足，或三个困难：

第一个困难是，知识不够。经济法典知识面要求很广，而我们的知识储备——经济的、法律的、行政的、社会的、自然的、科技的——显然不够。对外国经济法学、国际经济法学的了解不够，特别是未能及时掌握最新情况。

第二个困难是，共识不够。经济法学界本身的认知，共识与分歧同在，信心与疑虑并存。就法学界整体而言，由于受到传统法学思想的局限和束缚，因而某些专业的学者对经济法产生不认同、误解乃至歧视。

第三个困难是，建识不够。实际部门如人大法工委、政府发改委、最高法等，理论系统如中国法学会等，经济法学界与之"汇报情况、交换意见、提交建议、增进认同"有待加强。

我们应当怀着高度的历史责任感，采取积极的态度，用冷静的思维，加强学习、增进交流、扩大优势、填补短板，先把《经济法典》"总则"（民间试拟稿）编修出来。

第一章
经济法定位

引　语

一、本章的缘起

1. 本章的设立目的

设立本章的初衷在于，经济法何以成为国民经济运行中基本的法律支撑？

定位指确定事物的名位、方位。经济法的确定性来自于准确的法律方位判断。故而，《经济法典》"总则"首先应当为经济法作出顺应历史大势的定位。这种历史大势是经济发展和法律发展的时代号角。"总则"第一章"基本规定"，即担当这一定位任务。

在宪法之下，市场经济法治化的路径依赖"两基""两柱"。"两基"指民法、经济法，"两柱"指社会法、行政法。

首先是民法。民法提供法人制度、所有权制度、合同制度等，将市场经济的基础元素——行为主体、财产、契约等——市场化、法定化，故可被称为市场经济的"基础法"。这个"基础"，按其作用力，既具刚性，又有柔性。然而，由于其私法属性的局限，民法不可能解决国民经济运行的整体秩序规则。

在社会化大生产条件下，鉴于民法的不足，经济法应运而生。适应国民经济运行需求，贯穿经济法的经济发展权、经济分配权和经济安全权，相应组成经济法的市场运行制度、宏观经济治理制度、供求循环制度、收入分配制度和经济安全保障制度，开拓国民经济运行的整体秩序规则体系，解决现代市场经济治理的基本法律问题——市场与政府、微观治理与宏观治理、国内经济与涉外经济、发展与分配、发展与安全，因而被称为市场经济的"基本法"，自是题中应有之义。这个"基本"，按其作用力，反映国民经济与法治的关系，贯穿于国民经济运行的始终。

据此，一个"基础法"、一个"基本法"，民法、经济法协调发展、共同出力。割裂不行，对立更不行。本是同根生，相连更有力。正如著名法学家王家福先生所言：我们一直主张民法、经济法比翼齐飞，共同为我国经济建设服务。[1]

还须注意到，在完整的国家法律体系中，经济法除了与民法存在必然的联系和必要的分工之外，还分别与社会法、行政法存在必然的交织和必需的区分。其中，经济法与社会法交织的部分（如劳动就业、收入分配）成了市场经济法治化的重要支柱；经济法与行政法交织的部分（如政府经济管理职权、政府经济安全保障举措）亦成了市场经济法治化的重要支柱。

只有奠定上述法律方位前提，消除传统的法理误解，经济法的角色才可名正言顺、脱颖而出（见图1-1）。

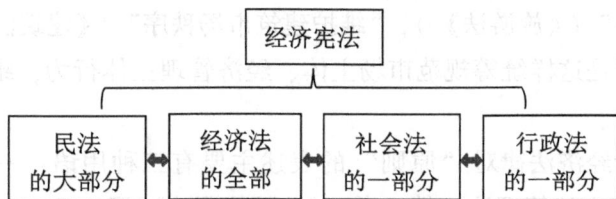

图1-1 经济法方位图·市场经济法治模式"1+4"

2. 本章的条文依据

《中共中央关于制定国民经济和社会发展第十四个五年规划和二〇三五年远景目标的建议》提出"以推动高质量发展为主题"，《国家规划纲要》也作出了同样表述。因此，"推动高质量发展"亦成了中国经济法的主题。

毛泽东同志讲到"五四宪法"时指出原则基本上是两个：民主原则和社会主义原则。

现行《宪法》规定了一系列制度和原则，如"民主集中制原则"（第3条）、"充分发挥地方的主动性、积极性的原则"（第3条）、"坚持公有制为

---

〔1〕 蒋熙辉："王家福学部委员访谈录：潜心法学研究，推进法治国家建设"，载中国法学网：http://iolaw.cssn.cn/xszl/dn/szff/201907/t20190716_4934256.shtml，最后访问日期：2021年8月10日。

主体、多种所有制经济共同发展的基本经济制度"（第 6 条）、"各尽所能、按劳分配的原则"（第 6 条）。第 15 条规定，"国家实行社会主义市场经济"，"国家依法禁止任何组织或者个人扰乱社会经济秩序"。

许多单行经济法律、法规都规定了"规范经济行为、维护经济（市场）秩序"。比如，"规范价格行为"（《价格法》），"规范公司的组织和行为"（《公司法》），"规范商业银行的行为"（《商业银行法》），"规范会计行为"（《会计法》），"规范煤炭生产经营活动"（《煤炭法》），"规范电子商务行为"（《电子商务法》），"规范进出口商品检验行为"（《进出口商品检验法》）；再如，"规范政府收支行为"（《预算法》），"规范政府采购行为"（《政府采购法》），"规范税收征收和缴纳行为"（《税收征收管理法》），"规范（银行业）监督管理行为"（《银行业监督管理法》），"规范外商投资管理"（《外商投资法》），"规范品种选育、种子生产经营和管理行为"（《种子法》）；又如，"规范电信市场秩序"（《电信条例》），"规范旅游市场秩序"（《旅游法》），"维护建筑市场秩序"（《建筑法》）；等等。整体经济法便是这样统筹规范市场主体、经济管理主体行为，维护宏观和微观经济秩序的。

现有单行经济法律对"原则"的表述主要有三种用语：一是"基本国策"。例如，《土地管理法》第 3 条、《节约能源法》第 4 条、《外商投资法》第 3 条。二是"原则"。例如，《企业国有资产法》第 6 条、《消费者权益保护法》第 4 条、《电子商务法》第 5 条、《城乡规划法》第 4 条、《预算法》第 12 条、《政府采购法》第 3 条、《银行业监督管理法》第 4 条、《商业银行法》第 4 条、《电力法》第 3 条、《旅游法》第 4 条、《森林法》第 3 条、《特种设备安全法》第 3 条、《进出口商品检验法》第 4 条。三是"方针"。例如，《中小企业促进法》第 3 条、《矿产资源法》第 7 条、《煤炭法》第 4 条、《水土保持法》第 3 条、《草原法》第 3 条、《网络安全法》第 3 条。这些"基本国策""原则""方针"的表述，为归纳经济法的基本原则打下了基础。整体经济法的基本原则必须通过提炼各项单行经济法律中的原则共性得以形成。

二、本章的要点

1. 立法宗旨与任务

本章开门见山地提出经济法的宗旨，即遵循"国民经济发展法"的崭新法治思维和法治方式，推进全面建成社会主义现代化强国，保障国民经济在法治轨道上运行，推动高质量发展、就业充分、物价稳定、国际收支平衡和生态环境良好，不断满足人民群众日益增长的物质文化生活需要。

为实现经济法的宗旨，必须设计经济法的调整对象和调整方法。经济法调整国民经济运行中产生的经济关系，包括基础性关系和管理性关系。立足基础性关系，善用管理性关系，实行直接、综合的调整，使得经济法显示出了有别于传统法律部门的形象和功能。

2. 基本原则

本章从两个视角构思经济法的基本原则。

一类是市场经济通行的原则。包括：法治经济原则；社会本位原则。这两项基本原则揭示了东西方经济法的共性，但在不同社会制度下情况也有区别，甚至差别很大。

另一类是彰显中国社会主义市场经济特色的原则。包括：科学发展原则；公平分配原则；安全保障原则；经社一体原则。这四项基本原则凸显了中国经济法的个性，更加符合时代发展的潮流。

3. 法律适用规则

法律适用规则解决如何处理一般法与特别法的关系（即《经济法典》与其他经济单行法律的关系）的问题；解决如何促进经济硬法与经济软法的结合，组成实践意义上的经济法的问题；解决如何通过法治与信用的结合，更好地在市场经济运行中实现他律与自律手段的统一的问题。

三、本章的升华

1. 国民经济发展法：经济法的明确定位

经济法对国民经济运行关系，围绕生产、流通、分配、消费循环，实行直接、综合的调整，着眼于国民经济的持续发展和动态平衡。旗帜鲜明地为经济法定位，经济法就是国民经济发展法，可谓"大道至简"也（见图1-2）。

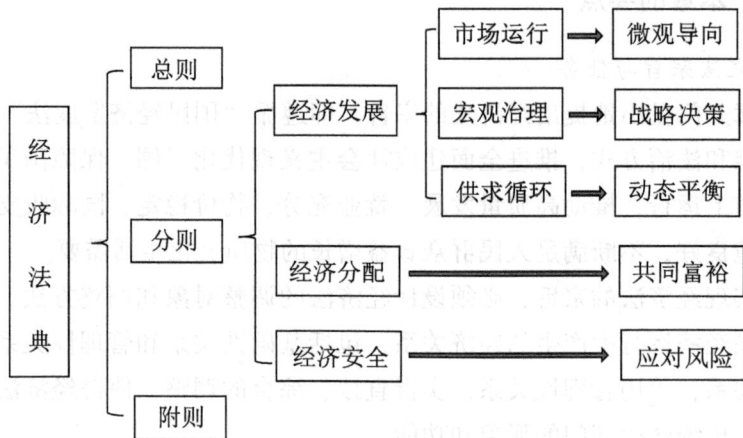

图 1-2　经济法典结构图 · "1+5+1"

2. 经济法基本原则：新发展理念的深入贯彻

"总则"中各项基本原则的设计，表明经济法从社会整体利益出发，谋划高质量发展、共享利益、应对风险。"发展"是经济法基本原则的总逻辑，涵盖了质量、效率、公平、安全、可持续等价值。经济法得力地贯彻新发展理念，用于指导经济活动和经济管理。

3. "实践意义上的经济法"："经济硬法" + "经济软法"

在经济领域，以国家法（即硬法）为主导，加上政策、国家法之外的民间社会规则、技术标准、政府清单等软法，形成"实践意义上的经济法"。本章关注国际、国内已出现的软法理论，将经济软法引入经济法治领域，推动经济法治范式的革命。

以上表明，经济法吸纳并跨越传统民法、行政法，作出了重大创新。

第一节　立法宗旨与任务

一、立法宗旨和依据

关于立法宗旨。经济法产生于国民经济，为国民经济发展服务，助力全面建成社会主义现代化强国。"高质量发展"是发展经济学的核心概念，由经济与法的融合而生成的"经济法",开门见山,亦应明确表示围绕国民经济高质量发展而提供制度支持。这就提出了经济法的目标,亦即经济法的主线。

关于立法依据。经济法依据宪法,具体落实宪法的要求。《立法法》(2015 年修正)第 8 条规定,"基本经济制度以及财政、海关、金融和外贸的基本制度"和"税种的设立、税率的确定和税收征收管理等税收基本制度",只能制定为法律。这就为经济法列出了主要范围:基本经济制度、财政、税收、金融、外贸、海关等等。经济法以宪法为依据,保障国民经济沿着法治轨道健康运行。

立法建议如下:

第 1 条 [立法宗旨和依据]

为推进全面建成社会主义现代化强国,保障国民经济在法治轨道上运行,推动高质量发展、就业充分、物价稳定、国际收支平衡和生态环境良好,不断满足全体人民日益增长的物质文化生活需要,根据宪法,制定本法。

二、调整对象和方法

1. 调整对象

法律上所谓的调整对象,是指对什么社会关系作出相应的规定。经济法的调整对象,可定为国民经济运行关系。"经济运行",为经济学、经济管理和经济改革文件的通常用语。中央一直强调,保持经济运行在合理区间。

"国民经济运行关系",是指改革开放以来,在市场化进程中形成的崭新的、特定的经济关系,突出强调其系统性、整体性、协同性,而不必强调纵向关系、横向关系。从内容上分析,它包括基础性关系和管理性关系,前者发生于消费者、经营者、劳动者之间,后者发生于国家(政府)与消费者、经营者、劳动者之间。从层次上分析,它包括微观性关系、宏观性关系,以及宏观性微观性交织关系。基础性关系与管理性关系密切相连、微观性关系与宏观性关系有机衔接,构成统一的国民经济关系体系。

必须特别指出，国民经济是一个整体，与之相应，经济法也应是一个整体。反映国家产业政策与竞争政策并行、财政政策与货币政策协力的法律规范，均属于"整体意义上的经济法"。经济法体系内部的部门法划分，如竞争法、产业法、财税法、金融法等，不仅不影响而且可以更具体地表现出经济法的整体性和系统化。"经济法"现为国家教育部门确定的法学专业核心课程之一。

国内法学界对经济法的定位越来越趋近于形成共识。

芮沐教授主张"整体经济法论"。他指出，国民经济是一个统一的整体，经济法调整的经济关系，"贯穿于生产、交换、分配、消费的经济全过程和环节之中"，经济法"最直接地针对经济领域内的矛盾"。他指出："经济法的这种整体观念，较其他法更为显著。"[1]

杨紫烜教授认为："经济法调整的特定经济关系是在国家协调的本国经济运行过程中发生的经济关系。"[2]

刘文华教授认为："只有现代经济法，才能胜任国民经济发展法的基本使命。"[3]

徐杰教授称之为："作为保障国家对经济运行管理和协调的经济法。"[4]

李昌麒教授称之为："与经济运动联系最密切的经济法。"[5]

刘瑞复教授表述为：经济法就是"国民经济运行法"。[6]

张守文教授认为，经济法"调整在现代国家进行宏观调控和市场规制的过程中发生的社会关系"。[7]

程信和教授认为："经济法调整国民经济运行关系即国民经济运行中产

---

〔1〕 芮沐："经济法概述"（1984年3月），载《芮沐文集》，北京大学出版社2020年版，第309~310页。

〔2〕 杨紫烜：《国家协调论》，北京大学出版社2009年版，第419页。

〔3〕 刘文华："关于'经济法通则'立法的基本考察"，载程信和：《经济法通则立法专论》，濠江法律学社2019年版，第141~142页。

〔4〕 徐杰："论论经济法的立法宗旨"，载徐杰主编：《经济法论丛》（第3卷），法律出版社2002年版，第9页。

〔5〕 李昌麒主编：《经济法学》，中国政法大学出版社2002年版，第45页。

〔6〕 刘瑞复：《经济法：国民经济运行法》（第2版），中国政法大学出版社1994年版，第124页。

〔7〕 张守文主编，《经济法学》编写组编：《经济法学》（第2版），高等教育出版社2018年版，第13页。

生的基础性和管理性经济关系，成为市场经济治理准则，是现代经济发展法。'运行'指过程，'治理'指行为，'发展'指目标，亦即结果。"[1]

以上考察，都围绕着"国民经济运行"，勾画出"整体经济法的使命"。

国外法学界关于经济法调整对象的观点，也值得思考与鉴照。

日本学者的观点。有学者主张经济法是"为了以'国家之手'（代替'无形之手'）来满足各种经济性的，即社会协调性要求而制定之法"。[2]有学者主张："为了民主地发展国民经济，国家对于经济活动就有进行指导的必要性，为适应这种必要性而产生的整个经济关系的法律，统称为经济法。"[3]还有学者主张经济法是"在市场机制下建立的经济政策立法体系"，核心是"维持市场竞争秩序"。[4]

法国学者观点。有学者主张，经济法是"法律和经济之间的基本关系"。[5]

苏联学者的观点。有学者主张，经济法将经济关系分为"实行经济活动时形成的关系""领导经济活动中产生的关系""内部经济关系"。[6]

立法建议如下：

第 2 条 [调整对象]

经济法调整国民经济运行中产生的经济关系，包括基础性关系和管理性关系。

经济法规范市场主体生产经营行为、政府经济管理行为，维护国民经济治理秩序。

经济法是国民经济发展法。

---

〔1〕 程信和："经济法通则原论"，载《地方立法研究》2019 年第 1 期，第 59 页。

〔2〕 [日] 金泽良雄：《经济法概论》，满达人译，中国法制出版社 2005 年版，第 27 页。

〔3〕 [日] 渡部乔一："日本的经济法（上）"，许少强摘译，萧强校，载《外国经济与管理》1979 年第 8 期，第 26 页（译自《六法全书的阅读法》1979 年 1 月 25 日第 23 版第七章）。

〔4〕 [日] 丹宗昭信、伊从宽：《经济法总论》，吉田庆子译，中国法制出版社 2010 年版，第 8 页。

〔5〕 [法] 阿莱克西·雅克曼、居伊·施朗斯：《经济法》，宇泉译，商务印书馆 1997 年版，第 81 页。

〔6〕 [苏] B.B. 拉普捷夫：《经济与法》，董晓阳、张达楠译，法律出版社 1988 年版，第 5 页。

2. 调整方法

公法与私法的关联，着力点为私法公法化、公法私法化。[1]经济法的调整方法——直接、综合，显示出其手段特色和作用优势。直接，即明确设定经济行为主体的权利、义务（私法意义上的）与权力、责任（公法意义上的）；综合，即涵盖经济领域、环节相关的各个方面。它以公法手段为主导，公法、私法手段相结合，超越了单一的民商法和单一的行政法的调整方法。

立法建议如下：

第 3 条 [调整方法]

经济法对国民经济运行关系，围绕生产、分配、流通、消费各环节，实行直接、综合的调整，设定行为主体的权利和义务（私法意义上的）、权力和责任（公法意义上的）。

三、国民经济领域的权利和利益

1. 国家经济制度、整体经济利益和发展权利

社会制度确立一个国家发展的格局，奠定发展的基础。社会主义制度优势是形成攻坚克难、稳中求进的根本保障。国务院新闻办公室于 2018 年 9 月发布的白皮书《关于中美经贸摩擦的事实与中方立场》提到："中国谈判的大门一直敞开，但谈判……不能以牺牲中国发展权为代价。"请特别注意"中国发展权"这五个字。经济法确定对包括国家经济制度、国家发展权利在内的国家核心利益的维护，体现爱国主义。站在政治经济战略的高度来看待经济法问题，突出"中国发展权"，保障经济发展权的实现，成为当代经济法的庄严使命。

立法建议如下：

第 4 条 [国家经济制度、整体经济利益和发展权利]

国家坚持实行和完善社会主义经济制度，包括生产资料所有制、分配制

---

〔1〕［日］美浓部达吉：《公法与私法》，黄冯明译，周旋勘校，中国政法大学出版社 2003 年版，第 151 页。

度和市场经济体制。

坚定维护国家主权、安全、发展利益。

对外经济贸易关系必须以相互平等为前提，保障中国发展权的实现。

2. 市场主体的法律地位和发展权利

江山就是人民，人民就是江山。人民至上是共产党领导的社会主义国家作出正确决策、实现发展目标的根本前提。在社会主义制度下，国家利益至上与人民至上是一致的。正如 2021 年 6 月 10 日通过的《反外国制裁法》开宗明义地指出："维护国家主权、安全、发展利益，保护我国公民、组织的合法权益。"经济法确定对市场主体合法权益的维护，体现人民至上。以人民为中心，保护市场主体的法律地位、发展权利，将人民利益落实到经济生活的实处，是中国社会主义经济法的特色。

立法建议如下：

第 5 条 [市场主体法律地位和发展权利]

坚持人民至上，切实保障所有市场主体的平等法律地位和发展权利，实现以人民为中心的发展。

四、厘清政府、市场、社会三者的关系

国家的经济结构和建设力，取决于政府、市场、社会的关系。以法治方式规范政府与市场、社会的关系，使三者各归其位、各行其是，但又要形成互动、有机配合。这合乎一切事物总是存在边界这一客观事实。正如习近平同志强调的："市场经济是法治经济，要用法治来规范政府和市场的边界。"[1]其中，政府把握经济增长、就业、价格、国际收支等调控目标，与《经济法典》"总则"第 1 条提出的总目标相呼应。

立法建议如下：

---

[1] 习近平：《在中央全面依法治国委员会第二次会议上的讲话》（2019 年 2 月 25 日）。

第6条［国民经济运行中政府、市场、社会三者的边界］

在国民经济运行中，以法律方式厘清政府、市场、社会的边界，列出三者各自承担和共同承担的基本事项。

政府把握经济增长、就业、价格、国际收支等调控目标，通过宏观经济治理、市场监管和提供公共服务，集中力量改善经济环境，解决那些市场主体能够自主决定、竞争机制能够有效调节、社会力量能够自律管理之外的事务。

正确处理政府与企业的关系，实行政企分开。政府和企业在国民经济运行中应当形成互动。

正确处理政府与事业单位的关系，实行政事分开。政府和事业单位在国民经济运行中应当相互配合。但事业单位从事经济活动，以实现其自身任务必需的为限。

正确处理政府与社会组织的关系，实行政社分开。政府和社会组织在国民经济运行中应当相互配合。但社会组织从事经济活动，以实现其自身任务必需的为限。

第二节　基本原则

一、市场经济通行的原则

1. 法治经济原则

经济学认为市场经济指的是由市场配置资源，但市场配置是要通过人的行为方能实现的。习近平同志提出重要指导思想：一是"社会主义市场经济本质上是法治经济"；二是"依法治理经济"，"发展法治经济"。笔者对此学习后体会到，是什么、怎么做，方向明确，路径清晰。立法从规则角度揭示市场经济本质。法治经济既依托国内经济法治，也依托涉外经济法治。法治经济要求市场主体依法进行生产经营，促进政府依法进行经济管理。

立法建议如下：

第 7 条 [法治经济原则]

市场经济是法治经济。通过把握客观规律制定法律规则、依照法律规则进行经济治理，坚持在法治轨道上推进国民经济运行现代化、规范化，破除各种制约高质量发展、高品质生活的体制、机制障碍。

统筹推进经济领域的国内法治和涉外法治，促进内外贸、内外资法律制度相衔接，提升经济法治综合效能。

市场主体依法进行生产经营，公平竞争；政府依法进行经济管理，适度调控。

2. 社会本位原则

本位指本来的位置、原始的地位。社会本位是相对于个体本位、行政本位等而言的。经济法的社会本位属性，重心在于"社会整体经济利益协调"，这里也反映出了经济法与民法、行政法的基本分工和重要区别。其中，"社会整体"这一概念，需要综合平衡国家、企业、个人之间的利益关系，发挥中央、地方和各方面的积极性，推进国内不同地区之间的协调发展。"社会整体经济利益"可否作为经济法的逻辑起点？笔者认为，其应是成立的。经济法具有社会性，由于社会制度不同，社会主义经济法与资本主义经济法在这一基本点上仍存在很大差别。

立法建议如下：

第 8 条 [社会本位原则]

经济法从社会整体经济利益出发，统筹兼顾效率与公平、竞争与合作，综合平衡国家、企业、个人之间的利益关系，发挥中央、地方和各方面的积极性，推进国内不同地区之间的协调发展。

二、彰显中国社会主义市场经济特色的原则

1. 科学发展原则

所谓"科学发展",即要求按客观规律——自然规律、社会规律和技术规律——办事。科学决策和创造性应对是化危为机、平稳运行的根本方法。"科学发展"具体贯彻体现"创新、协调、绿色、开放、共享"的新发展理念,彰显中国改革开放经验和市场经济特色。科学发展具有非常丰富的内涵,以发展为中心,遵循发展规律,贯彻新发展理念,加快国民经济发展。《经济法典》"总则"应当规定科学发展原则,更好地促进国民经济高质量发展。

立法建议如下:

第 9 条 [科学发展原则]

经济法以发展为中心,贯彻新发展理念,坚持稳中求进,实行经济民主,把握社会主义建设总体布局,正确处理经济社会发展中的重大比例关系,依托创新驱动,采用先进技术,协同发挥竞争政策的基础功能和产业政策的调控功能,建设高质量、高效率的现代化经济体系,保持国民经济在合理区间内平稳运行,并促进国防实力和经济实力同步提升。

2. 公平分配原则

"公平分配"体现社会主义生产目的。以发展定分配,以分配促发展。公平分配的目标是共同富裕,这一目标引导经济公平的法律构建。全面建成小康社会极大提升了全国人民的自信心、自豪感,在全体人民平等参与、平等发展的基础上,公平分享国民经济发展成果,最终全面建成社会主义现代化强国。《经济法典》"总则"应当规定公平分配原则,更好地促进共同富裕。

立法建议如下:

第 10 条 [公平分配原则]

经济法统筹发展和分配,在保障全体人民平等参与、平等发展权利的基础上,公平分享国民经济发展成果,不断增进物质文化福祉,使全国朝着共同富裕方向稳步前进。

3. 安全保障原则

发展与安全是对立的统一。"安全发展"即在总体国家安全观中,以经济安全为基础,发展应以不牺牲安全为底线。坚持底线思维,着力防范、化解重大经济风险。以安全保发展,以发展带安全。"经济安全"包括基本经济安全、重点经济安全、公共经济安全。《经济法典》"总则"应当规定安全保障原则,守护国家经济安全大局。

立法建议如下:

第 11 条 [安全保障原则]

经济法统筹发展和安全,坚守国家经济安全底线,防范、化解各类经济风险及相关风险,把安全保障纳入国家发展大局。

4. 经社一体(城乡经济社会一体化发展)原则

此处的"经"指国民经济,"社"指社会事业。改革之后,中国将原先的"国民经济规划(计划)"改称为"国民经济和社会发展规划(计划)"。按照系统观念,对国民经济和社会事业协调发展、相互促进作出统一安排。经社一体原则将经济、社会、人口、资源、环境等一体对待,展现经济法更为宏远的蓝图。《经济法典》"总则"应当规定经社一体原则,更好地促进经济、社会"大格局"发展。

立法建议如下:

第 12 条 [经社一体(城乡经济社会一体化发展)原则]

经济法坚持经济、社会并重格局,推动绿色发展,促进实现经济与社会、人口、资源、环境的协调一体和可持续发展,构建人与自然生命共同体,实现人与自然和谐共生。

第 9 条至第 12 条原则,体现"发展"的价值目标:质量、效率、公平、安全、可持续。概言之,科学发展、公平发展、安全发展、绿色发展都是为了实现高质量发展。这就呼应了《经济法典》"总则"第 1 条提出的总目标。

第三节 法律适用规则

一、一般法与特别法

依照法律体系的逻辑通例，正确安排《经济法典》与其他经济单行法律的关系。经济法涉及面广，《经济法典》之外还存在若干经济单行法律，这就出现了适用次序问题。按照特别法优先于一般法的规例，优先适用经济单行法律的特别规定。其中，《经济法典》"分则"编排考验立法智慧，要与"总则"相统一，要有科学的编纂标准。

立法建议如下：

第 13 条 [经济法体系中特别法的优先适用]

国民经济治理事务应当遵循本法。其他经济单行法律有特别规定的，依照其规定。

二、经济硬法与经济软法的结合

1. 党内法规与国家法律规定的关系

中国共产党领导各族人民发展社会主义市场经济。在经济领域，对依法治国与依规治党统筹推进、一体建设的方针要准确应用。在实施党内法规与国家法律规定时，要注意处理党内对经济工作的决策、要求等指导规定与相关法律的关系，处理好党内对经济工作的问责、处分等纪律规定和法律责任的关系。

立法建议如下：

第 14 条 [国民经济治理中实施党内法规与国家法律规定的关联]

中国共产党领导各族人民发展社会主义市场经济。国民经济治理必须贯彻依法治国和依规治党的有机统一。

在实施经济管理行为之中，将党内对经济工作的决策、要求等指导规定适用于某些特定范围时，相应地实施有关法律上的规定。

在追究经济法律责任之前，将党内对经济工作的问责、处分等纪律规定适用于某些特定对象，不影响对其追究有关法律上的责任。

2. 经济政策的应用

经济政策是国家为实现其基本路线、奋斗目标而以权威形式发布的准则和措施。必须处理好政策和法律的关系，发挥政策和法律各自的优势，互联互动。在很多情况下，经济政策先行先试，在实践中较为成熟之后，再转化为经济法。经济法作为经济政策的定型化、法治化，欧美国家如此，社会主义中国更是如此。中外学者对此都有精彩论述。例如，认为"经济法中包含有政府的政策，并进一步使之具体化"；[1]主张"将行之有效的经济政策上升为法律"。[2]

立法建议如下：

第 15 条 [经济政策的应用]

处理国民经济运行事务，法律没有规定的，适用相关经济政策。

经济政策应当加强准确性、规范性。成熟的经济政策可以及时转化为法律规定。

3. 民间社会规则

智慧存于民间，行业、企业所定规例、章程可以在该行业、企业内应用，以解决实务问题。《企业国有资产法》多次规定"依照法律、行政法规以及企业章程的规定"。行业规例、企业章程属于经济领域次国家法的民间社会规则。在不违反国家法律的前提下，民间社会规则这类软法在国民经济发展中能发挥实际作用，对行业自律管理、市场主体自我管理有一定的效果，不可忽视。

立法建议如下：

---

〔1〕 [英]施米托夫：《国际贸易法文选》，赵秀文选译，中国大百科全书出版社 1993 年版，第 37 页。

〔2〕 张守文主编，《经济法学》编写组编：《经济法学》（第 2 版），高等教育出版社 2018 年版，第 18 页。

第 16 条 [经济领域次国家法的民间社会规则（行业规例、企业章程）的应用]

在不违反国家法律的前提下，行业规例、企业章程在该行业、企业内可以应用。

4. 技术标准

定标准，就是讲科学。经济领域存在大量技术标准，以科学技术、实践经验为基础，在一定范围内统一设定、重复使用、共同遵守。例如，制定商品标准，识别产品、商品是否系假冒伪劣；制定种子标准，辨明种子的真假、优劣。按制定主体划分，有国家标准、地方标准、行业标准、企业标准等；按效力划分，有强制性标准、推荐性标准、自愿性标准等。技术标准亦为经济软法之一，在国民经济发展中具有显著的实操性。

立法建议如下：

第 17 条 [技术标准的应用]

国家制定的强制性标准及推荐性标准平等适用于所有企业及其他市场主体。

在不违反国家法律的前提下，非官方拟定的、强制性要求之外的技术标准，在该经济、技术领域内可以应用。

5. 政府正面清单和负面清单的并用

列清单，就是讲规矩。清单指具体列出或登记有关项目的明细单子。实务中，应当并用政府正面清单和负面清单。其中，负面清单包括禁止与限制两类情况，指向特定行业、特定领域、特定业务等。以禁止类为例，国家发展和改革委员会、商务部《市场准入负面清单（2020 年版）》规定，"禁止准入类"清单涉及环保、主体功能区、金融、互联网等特定情况。政府正负清单亦属经济软法之一。

立法建议如下：

第 18 条 [政府正面清单和负面清单的并用]

实行国家经济管理主体权力和责任清单制度。

实施统一的市场准入负面清单制度。

实施外商投资准入前国民待遇加负面清单管理制度。

制度可分"正式约束"与"非正式约束",[1]制度能够产生"绩效"。[2]从评估经济软法必要性、可行性的角度,制度经济学、法经济学有一定的借鉴意义。前述第 14 条至第 18 条提出的"经济软法"系列包括:党规、政策、社会规则、标准、清单。在经济领域,以国家法即硬法为主导,加上政策、国家法之外的民间社会规则、技术标准、政府清单等软法,形成"实践意义上的经济法"。实务中须注意坚持经济软法规范化,不能令其泛化、虚化及边缘化。

三、法治与信用的结合

经济信用指行为主体在经济交往中形成的相互信任关系。"社会主义市场经济是信用经济、法治经济。……法治意识、契约精神、守约观念是现代经济活动的重要意识规范,也是信用经济、法治经济的重要要求。"[3]法治与信用二者必须并用,此为市场经济运行中他律与自律手段的结合。一个"法治",一个"信用",两者并行,市场秩序方能维持。当下,中国市场经济中信用缺失突出,既有企业的问题,也有政府的问题。必须全社会动员,加强治理,着力解决,这将是一项长期任务。

立法建议如下:

第 19 条［信用经济,经济领域诚信规则的遵循］

市场经济是信用经济。国家健全经济信用体系,推广信用承诺制度,实施失信惩戒制度,完善诚信建设长效机制。

市场主体应当遵循诚实信用规则,坚持守法诚信,违法失信必须受到法

---

〔1〕［美］道格拉斯·C.诺思:《制度、制度变迁与经济绩效》,杭行译,韦森审校,格致出版社、上海三联书店、上海人民出版社 2008 年版,第 56 页。

〔2〕详见［美］A.爱伦·斯密德:《财产、权力和公共选择——对法和经济学的进一步思考》,黄祖辉等译,黄祖辉校,上海三联书店、上海人民出版社 2006 年版,第 3~34 页。

〔3〕习近平:《在企业家座谈会上的讲话》(2020 年 7 月 21 日)。

律的惩戒。推行经济信用修复机制。

国家经济管理主体也应当遵循诚实信用规则，违法失信必须受到法律的追究。落实管理主体责任，加强经济信用监管，推动经济信用服务。

四、法的地域适用

法的力量在于施行，取得实效。必须确定中国经济法的域内、域外效力。中国领域内的国民经济活动适用中国法律。法律另有规定的，依照其规定。必须依据国际法准则建立"中国法域外适用的经济法律体系"，比如对来自外国经济制裁的反制，对向海外投资的鼓励和保证。另外，中国境内的法域适用还有一种特殊的情况，即"一国两制"格局下产生的特殊法律现象，如《外商投资法实施条例》（2019 年）第 48 条的规定。[1]

立法建议如下：

第 20 条 [中国经济法地域适用的效力]

中华人民共和国领域内的国民经济活动，适用中华人民共和国法律。法律另有规定的，依照其规定。

对于中国的机构和个人在中华人民共和国领域外的经济活动，中华人民共和国法律另有规定的，适用其规定。

中华人民共和国内地与香港特别行政区、澳门特别行政区的经济贸易关系，大陆地区与台湾地区的经济贸易关系，可适用本法；中华人民共和国法律另有规定的，适用其规定。

---

〔1〕《外商投资法实施条例》（2019 年）第 48 条规定："香港特别行政区、澳门特别行政区投资者在内地投资，参照外商投资法和本条例执行；法律、行政法规或者国务院另有规定的，从其规定。台湾地区投资者在大陆投资，适用《中华人民共和国台湾同胞投资保护法》（以下简称台湾同胞投资保护法）及其实施细则的规定；台湾同胞投资保护法及其实施细则未规定的事项，参照外商投资法和本条例执行。定居在国外的中国公民在中国境内投资，参照外商投资法和本条例执行；法律、行政法规或者国务院另有规定的，从其规定。"

第二章

国民经济治理现代化制度基础

引　语

一、本章的缘起

1. 本章的设立目的

设立本章的初衷在于，国民经济沿着什么样的法律制度轨道运行？

经济作为社会的基础，决定了国民经济治理现代化在国家整个治理体系中的地位。这就要求坚持国家基本经济制度，并形成保障国民经济在法治轨道上正常运行的制度合力。《经济法典》"总则"必须把握国民经济治理的方向，规定国民经济治理现代化的制度基础，包括所有制、分配制、经济体制等方面。

保障国民经济在法治轨道上运行的制度板块可分为五个，即市场运行、宏观经济治理、供求循环、收入分配、经济安全保障，从而形成"五大制度合力"。"五大制度合力"构成《经济法典》"分则"的制度设计。

2. 本章的条文依据

《中共中央关于坚持和完善中国特色社会主义制度 推进国家治理体系和治理能力现代化若干重大问题的决定》（2019 年）第六部分提出："坚持和完善社会主义基本经济制度、推动经济高质量发展。"特别重要的是，将基本经济制度从一项提升为三项，即公有制为主体、多种所有制经济共同发展；按劳分配为主体、多种分配方式并存；社会主义市场经济体制。

《国家规划纲要》提出，"毫不动摇巩固和发展公有制经济，毫不动摇鼓励、支持、引导非公有制经济发展"，"坚持按劳分配为主体、多种分配方式并存"，"构建高水平社会主义市场经济体制"。

二、本章的要点

1. 基本经济制度贯彻之一：所有制制度

对各种所有制经济必须采取相应的发展促进措施，涉及：国有经济，集体经济、合作经济，私营经济，外资经济，混合所有制经济。

2. 基本经济制度贯彻之二：分配制度

收入分配应当体现效率，促进公平。三次分配情况不一：初次分配为基础，再分配为调节，第三次分配为补充。

3. 基本经济制度贯彻之三：市场经济体制

确立社会主义市场经济的地位，着力构建维护市场机制有效、激发微观主体活力、保障宏观经济治理的经济体制。

三、本章的升华

1. 公有制与市场经济相结合：法律确认的伟大创举

国家保障发挥国有经济的主导作用，支持非公有制经济、混合所有制经济发展，使各种所有制经济发挥优势、取长补短、相互促进、共同发展。

2. 有效市场与有为政府互动：市场经济成功的法治之道

在经济法视野下，正确处理政府和市场的关系，使有效市场与有为政府有机结合，提炼市场经济成功的法治经验。

3. "通用规则"与"具体制度"统一：开拓经济法制度模式

《经济法典》"总则"使定位（宗旨、原则）、主体、权利、行为、责任等通用规定贯穿于各项具体制度，设计"横轴-纵轴"模型，提出保障国民经济在法治轨道上运行的"五大制度合力"。至于具体的制度内容，则由"分则"去落实。

以上表明，经济法综合并跨越传统民法、行政法，作出了重大创新。

第一节 基本经济制度贯彻之一：坚持公有制为主体、多种所有制经济共同发展

一、所有制格局

生产资料所有制奠定了一个国家经济制度的基础。实行公有制与市场经济相结合，是坚持和发展中国特色社会主义的伟大创举，是中国经济发展的成功经验。具体而言，促进公有制（即全民所有制和劳动群众集体所有制）经济的发展，鼓励和引导非公有制经济（即个体经济、私营经济及外资经济）的发展，此即两个"毫不动摇"。对于由《宪法》确立的所有制格局，《经济法典》"总则"要进一步予以具体化。

立法建议如下：

第 21 条［所有制格局］

国家坚持和完善生产资料公有制为主体、多种所有制经济共同发展的所有制格局。

国家巩固和促进公有制即全民所有制和劳动群众集体所有制经济的发展，采取多种实现形式。

国家鼓励和引导非公有制经济即个体经济、私营经济及外资经济的发展，采取多种支持方式。

二、各种所有制经济

1. 国有经济

国有经济是生产资料归国家所有（即全民所有）的经济类型，是国民经济的主导力量。在社会主义市场经济体制下，国家充分重视国有经济。优化国有经济产业链、创新链，完善国有企业持续创新的激励机制、竞争机制，增强国有经济的创造力。聚焦战略安全、产业引领、公共服务等国计民生领域，体现对国民经济发展的战略支撑，增强国有经济的控制力。彰显国有经

济在国民经济发展全过程中的政治责任、经济责任、社会责任，增强国有经济的影响力。

立法建议如下：

第 22 条 [国有经济]

国家保障发挥国有经济作为国民经济战略支撑的主导作用，优化布局，完善结构，建立适应国有经济发展的现代企业制度，增强国有经济的创造力、控制力和影响力。

2. 农村、城镇集体经济、合作经济

集体经济是生产资料归集体所有的经济类型，集体经济注重资合性，其组织形式可有多种，但尚待进一步具体化。《农业法》第 5 条提出"壮大集体经济实力"。必须指出，小农经济是不可能真正实现农业农村社会主义现代化的。农村集体经济对促进乡村全面振兴、实现农业农村现代化有着至关重要的意义。

合作经济是成员互助共赢的经济类型，其典型的组织形式为合作社。合作经济注重人合性，体现成员之间的密切联系，灵活多样。国际社会也很支持合作经济的发展，尤其重视在农业领域的应用。

《经济法典》"总则"对城乡集体经济、合作经济的法律地位须作出明确界定。

立法建议如下：

第 23 条 [集体经济、合作经济]

国家保障发挥农村集体经济、城镇农村合作经济的重要作用，坚持以农村实行家庭承包经营为基础、统分结合的双层经营体制，支持城镇、农村发展各种形式的合作经济，因地制宜地发扬地方特色，壮大集体经济、合作经济的实力。

3. 私营经济

私营经济是生产资料归私人所有的经济类型，又称民营经济。私营经济的存在和发展，适应社会主义初级阶段的生产力状况。国家要激发个体经济、民营经济活力，支持个体经济、民营经济发展，制订促进个体经济、民营经济公平竞争、有机保护、健康发展的具体措施。为发挥个体经济、私营经济应有的作用，必须关注和帮助解决发展中的困难和问题。

立法建议如下：

第 24 条 [个体经济、私营经济]

国家保障发挥法律规定范围内的个体经济、私营经济的重要作用，健全支持民营经济发展的市场、政策、法治和社会环境，帮助解决发展中的困难和问题，激发个体经济、私营经济的活力。

4. 外资经济

现今社会，世界即地球村，各国经济相互联系，不是各国关起门来搞建设的时代，对外开放是时代特色。在平等互利的基础上，以独资、合资、合作等形式引进外国的资本、先进技术、管理经验，可以增强国家发展动力，促进国际合作。外资经济可以发挥资本引进国的资源优势、劳动力优势、市场优势和资本输出国的资本优势、技术优势、管理优势。外资经济在共建"一带一路"合作、构建人类命运共同体中起着重要的作用。

立法建议如下：

第 25 条 [外资经济]

国家坚持在平等互利基础上引进和利用外资，通过促进、保护、管理举措，保障外商、外商投资企业参与公平竞争和平等合作，增强中国的经济能力。

5. 混合所有制经济

混合所有制并非独立的经济形态，也不同于过去的公私合营，而是公有制和私有制在市场经济条件下共同发展的实现形式，有助于各种所有制经济发挥优势、取长补短、相互促进、共同发展。应以法律方式总结和推广经济改革的这一方向性措施（如分类、分层），深化以国有企业为主要对象的混合所有制改革。

立法建议如下：

第 26 条 [混合所有制经济]

国家深化国有企业混合所有制改革，支持发展以国有资本和集体资本、非公有制资本等交叉持股、相互融合的混合所有制经济，设立经济实体，使各种所有制经济发挥优势、取长补短、相互促进、共同发展。

6. 自然垄断行业经济

自然垄断行业适应某些资源的稀缺性和规模经济效益的要求而形成，对国民经济发展具有特殊作用。根据资源特点和经济规律，电力、油气、铁路、邮政、电信、烟草专卖等可被列为自然垄断行业。充分考虑经济公共利益，必须实行和加强自然垄断行业的特许经营。对自然垄断经济的法律地位作出特定表述，可以体现对自然垄断行业的特别保护、有效监管。

立法建议如下：

第 27 条 [自然垄断行业经济]

国家将电力、油气、铁路、邮政、电信、烟草专卖等行业列入自然垄断行业，适度放开竞争。

国家对自然垄断行业实行政企分开、政资分开、特许经营、政府监管。

三、一体保护

对各种所有制经济必须强调"依法平等保护"，适应社会主义初级阶段基本国情，并积极回应市场主体关切。公有制经济财产权、非公有制经济财产权均不可侵犯。国家采取积极保护措施，优化各种所有制经济发展环境，为各种所有制经济提供有效的服务。

立法建议如下：

第 28 条 [对各种所有制经济的财产权益保护和发展环境的保障]

国家对各种所有制经济依法平等保护，公有制经济财产权不可侵犯，非公有制经济财产权同样不可侵犯。

国家对国内、涉外知识产权，实行最严格的保护制度。

国家对各种所有制经济依法放开经营，实施必要的监督管理，并提供有效的服务。

第二节　基本经济制度贯彻之二：坚持按劳分配为主体、多种分配方式并存

一、分配制格局

收入分配是指对国民收入（生产成果）所进行的分配。长期以来，经济法对分配问题的重视度不够，缺乏"经济法作为分配法"的理论接嵌。根据2019年中央改革文件精神，按劳分配为主体、多种分配方式并存的分配制度已上升为国家基本经济制度之一。"稀缺"和"效率"是经济学的双重主题，最终落实到"分配"上。[1]分配法在经济法体系中占有重要分量，既体现效率，又促进公平。对于《宪法》确立的分配制格局，《经济法典》"总则"要进一步予以具体化。

立法建议如下：

第 29 条 [分配制格局]

国家坚持和完善按劳分配为主体、多种分配方式并存的分配制格局。

保持居民收入增长和经济增长基本同步。收入分配应当体现效率，促进公平。

---

〔1〕 〔美〕保罗·萨缪尔森、威廉·诺德豪斯：《经济学》（第19版·上册），萧琛等译，商务印书馆2012年版，第4页、第5页。

二、各种分配形式（三次分配）

1. 初次分配

初次分配决定社会成员收入的基本状况，构成分配的基础。工资为初次分配的基本形式之一，土地、资本、才能（知识、技术、管理）、数据（信息）等生产要素按市场贡献取得报酬也属初次分配。基于此，国家应进一步重视初次分配，完善初次分配机制，提升居民收入水平的底线，更好地推进共同富裕。

立法建议如下：

第 30 条 [初次分配]

国家实行以劳动的数量和质量为基础决定劳动者收入分配的初次分配机制，保持劳动报酬提高和劳动生产率提高基本同步。

土地、资本、才能（知识、技术、管理）、数据（信息）等生产要素按市场贡献取得报酬，也属初次分配。

多渠道增加城乡居民财产性收入。

初次分配确定居民收入水平的底线。初次分配既注重效率，也兼顾公平。

收入分配包括劳动收入分配与其他生产要素收入分配，后者如土地、资本、才能、数据等。应尊重劳动，尊重劳动者，增加劳动报酬在初次分配中的比重。初次分配要正确处理劳动分配与其他生产要素分配的比例关系，合理安排生产要素的分配比重，增加中低收入群体收入。

立法建议如下：

第 31 条 [合理安排各类生产要素参与初次分配的比重]

在劳动生产率提高的基础上，增加劳动报酬在初次分配中的比重。

正确计算和处理劳动力与土地、资本、才能（知识、技术、管理）、数据（信息）等生产要素所得的利益比例，保持协调，促进发展。

通过土地、资本等生产要素使用权、收益权，增加中低收入群体收入。

2. 再分配

再分配是收入分配调节机制，涉及经济法、社会法，体现社会主义制度优越性，可以进一步体现经济法"从社会整体利益出发"这一基本特色。再分配是在初次分配格局的基础上，以税收、财政转移支付和社会保障等为主要手段，维护社会整体利益与个体利益、局部利益、地方利益的平衡，体现对不同群体、不同利益的合理调节。

立法建议如下：

第 32 条 [再分配]

国家实行以税收、财政转移支付和社会保障等为主要手段的再分配调节机制。

再分配维护社会整体利益与个体利益、局部利益、地方利益的平衡。再分配既重视效率，更兼顾公平。

再分配也要从量的标准上正确安排再分配各环节之间的关系。一是税收，如直接税和间接税。二是财政转移支付，如中央向地方、较发达地区向不发达地区转移支付。三是社会保障，包括社会保险、社会救助、社会福利和优抚安置。国家既要加大调节力度，也要体现再分配的精准性，使得分配效果达到预期值。

立法建议如下：

第 33 条 [合理安排税收、财政转移支付、社会保障在再分配中的比重]

加大再分配调节的力度和精准性。

直接税和间接税，中央向地方、较发达地区向不发达地区转移支付，社会保险、社会救助、社会福利和优抚安置，上述财力在再分配中的安排，由国家和地方依法决定。

3. 第三次分配

第三次分配指慈善事业等，是在初次分配、再分配基础上的补充，是社会公益的期待。这一补充机制存在必要性。第三次分配在中国已成为明确的政策用语，由于其归属于财富分配，因此应被纳入经济法视野。在全面建成小康社会之后，慈善事业应着眼于更高的社会公益使命，力求促进社会公益事业的发展。

立法建议如下：

第 34 条 [第三次分配]

支持慈善等社会公益事业，建立健全回报社会的激励机制，充分发挥第三次分配作用。

三、共同富裕

社会主义的本质，是解放生产力，发展生产力，消灭剥削，消除两极分化，最终达到共同富裕。共同富裕体现社会主义经济法的基本原则，履行传统法律部门未能或无法承担的经济社会使命。至中国共产党成立一百周年之时，全国脱贫攻坚战取得了全面胜利，提前 10 年完成了联合国提出的减贫目标。"我们走出了一条中国特色减贫道路，形成了中国特色反贫困理论。"[1]在此基础上，国家正在制定《促进共同富裕行动纲要》，以对全国共同富裕行动作出重要部署。2021 年 5 月，中共中央、国务院发布《关于支持浙江高质量发展建设共同富裕示范区的意见》。国家必须坚持社会主义本质观，清醒认识消除不合理收入差距的紧迫性和走向共同富裕的重要性，并借助法律手段予以实施。共同富裕是长期任务，需要循序渐进、扎实推进。

立法建议如下：

第 35 条 [促进全体人民共同富裕]

在发展国民经济的基础上，不断提高全国人民的整体收入水平，坚持缩小区域之间、城乡之间、职场之间不合理的收入差距，巩固解决绝对贫困成果，消除两极分化，逐步实现共同富裕。

必须坚持人民群众主体作用，激发内生动力支撑劳动致富，防止返贫。

---

[1] 习近平：《在全国脱贫攻坚表彰大会上的讲话》（2021 年 2 月 25 日）。

必须将共同富裕落实到每一个家庭。对残疾人、零就业家庭予以特别关注帮扶。

支持高质量发展、建设共同富裕示范区。

实现全体人民共同富裕是一项长期任务，必须采取有效措施，尽力而为、量力而行，扎实推进。

第三节　基本经济制度贯彻之三：实行社会主义市场经济

一、市场经济体制格局

市场经济原本是指通过市场配置社会经济资源的一种经济形式。根据2019年中央改革文件精神，社会主义市场经济已上升为国家基本经济制度之一。维护市场机制有效、激发微观主体活力、保障宏观经济治理的经济体制，必须由立法加以确定，《经济法典》"总则"应担负此使命。中国市场经济的成功经验正在得到国际社会的广泛认同。对于健全社会主义市场经济体制格局，我们充满自豪与期待。

立法建议如下：

第36条 [社会主义市场经济体制格局]

国家实行社会主义市场经济。着力构建维护市场机制有效、激发微观主体活力、完善宏观经济治理的经济体制。以市场化、国际化和科学化、法治化手段，实现社会主义现代化。

二、市场与政府两手作用的结合

1. 两个市场、两种资源

两个市场，指国内市场、国际市场；两种资源，指国内资源、国际资源。我们充分意识到，单靠国内市场、国内资源显然是不足够的。但是，依赖国际市场、国际资源又可能使我国处于被动状态。两利相衡取其大，两弊相较取其小。在当今社会，用更宽广的格局看待国内外经济发展，充分利用

两个市场、两种资源，扩大内涵式和外延式再生产是国民经济运行、发展的
起点和途径。

立法建议如下：

第 37 条 ［两个市场、两种资源］

坚持改革开放，立足国内基础，充分利用国内国际两个市场、两种资
源，塑造市场交流和资源互补优势，根据实际条件扩大内涵式和外延式再生
产，形成新发展格局。

2. 市场和政府对资源的配置

经过几十年的改革开放，发展中的中国已实行国际通行的、常规的市场
经济。到 2017 年底，97% 以上的商品和服务价格已实现市场调节。加强市场
资源配置并非自由放任，而是尊重市场规律、合理利用市场机制。市场经济
要不断优化市场资源配置，充分发挥市场在配置资源中的决定性作用，实现
效率最优化和效益最大化。

立法建议如下：

第 38 条 ［放开资源市场配置］

放开竞争性领域、行业，充分发挥市场在配置资源中的决定性作用。构
建更加完善的生产要素市场化配置的体制、机制。

推动经营性国有资产、非经营性国有资产和自然资源能源等资源配置被
更多地引入市场机制。

对于适宜由市场化配置的公共资源，依据市场价格、市场竞争，实现效
率最优化和效益最大化。

无论是资本主义国家，还是社会主义国家，发展市场经济都要靠两只
手：拿不见的手和拿得见的手。前者即市场，后者即政府。如果主张政府管
理得越少越好，则缺乏具体分析。出路在于，立足经济全局，优化政府资源
配置、创新政府资源配置。整体而言，市场机制日益重要，即使对不完全适
宜由市场化配置的公共资源、通过行政方式配置的公共资源、关系国家核心

利益的特殊领域，也可合理、适度地引入市场机制。

立法建议如下：

第 39 条 [优化资源政府配置]

立足经济全局，更好地发挥政府在资源配置中的积极作用。

政府优化资源配置，支持创新配置方式。

对于不完全适宜由市场化配置的公共资源，也要引入市场机制，实现政府引导和市场竞争的有效结合。

对于需要通过行政方式配置的公共资源，也可以运用市场机制，实现更有效率的公平性和均等化。

国防建设、战略性能源等关系国家核心利益的特殊领域，由政府决定资源配置方式，也可以通过市场机制加以实现。

经济体制改革的核心问题是处理好政府和市场的关系，此亦经济法的核心问题。立足市场的决定性作用、政府的主动性职能，促进有效市场与有为政府的有机结合，实现市场"有效"、政府"有为"，方能破解经济学上的市场失灵、政府失灵这道世界性难题，实现国民经济健康、有序发展。我们完全可以看出，中国的社会主义市场经济的理论和行动，不同于新自由主义的"市场决定论"（即唯市场论）。

立法建议如下：

第 40 条 [有效市场与有为政府的结合]

国家在经济体制改革过程中必须正确处理政府和市场的关系，推动有效市场和有为政府更好结合。

市场主体依法经营、消费和劳动，在交易、竞争、合作中充分利用市场调节作用。

政府依法实施经济调节、市场监管、社会管理、公共服务、生态环境保护等职能。政府优化营商环境，鼓励和支持公平交易、公平竞争，提倡和实行合作、协作，维护市场秩序，保护经营者、消费者和劳动者的合法权益。

3. 经济集中与经济民主

经济集中与经济民主是有机统一的。社会主义建设必须坚持"全国一盘棋",对国民经济发展进行统筹安排,促进民主集中制和群众路线在经济领域的应用。与此同时,加强经济民主,发挥地方、部门、基层的积极性和自主性,增强各方主体的创造力。贯彻群众路线,发挥领导人员、普通员工、技术人员等各方主体的优势,使经济民主焕发制度生命力。

立法建议如下:

第 41 条 [经济集中与经济民主]

社会主义建设坚持全国一盘棋,实行经济集中和经济民主相结合。

依托全过程经济民主,发挥地方、部门、基层的积极性和自主性,推广群众在实践中创造的经验。

坚持在企业中实行领导人员参加劳动、普通员工参加管理,领导人员、普通员工、技术人员各尽所能、共同创业。

4. 信息化

在信息时代(数字时代)背景下,市场经济要以数据(信息)为引导,数据(信息)已成为基本生产力。现代科技日新月异,又一轮新的工业革命已经到来,必须高度关注和有力支持信息化发展,在国民经济运行中实现信息化的全面覆盖、动态发展。对国民经济信息化专设规定,可以体现对数字时代的前瞻关注和积极期待。

立法建议如下:

第 42 条 [国民经济信息化]

鼓励支持运用大数据等现代先进技术,提高国民经济运行信息的及时性、准确性和完整性,促进国民经济信息化的发展和应用。

国家建立全国统一的经济普查制度、人口普查制度、经济核算制度、统计公报制度、信息公开制度,以及政务公开制度,推动经济信息、技术信息、企业信息和政务信息在法律规定范围内的公开、共享。

针对国民经济和社会发展的秘密事项需要采取保密措施的,依据保守国家秘密法的规定执行。

三、激励与制约

1. 经济激励机制

经济激励机制表述正面的举措，激励是为了促进。借助政策倾斜、物质支持、精神鼓励等激励机制，加强国民经济治理。政策倾斜要注意公平度，使相关地区、单位、个人获得政策红利。物质支持要考虑相关地区、单位、个人的实际情况，落到实处。精神鼓励既是鼓励本地区、单位、个人，也会形成对其他地区、单位、个人的示范、带动。

立法建议如下：

第 43 条 [经济激励机制]

国家在国民经济治理中，建立长效激励机制。

对在国民经济建设中做出重大贡献的地区、单位和个人，给予激励，包括政策倾斜、物质支持和精神鼓励。

2. 经济制约机制

经济制约机制表述负面的举措，制约只是手段，最终也是为了促进。建立有效的约束机制，实行责任追究，解决国民经济治理中出现的问题。其中，责任追究引入终身追究机制，可以形成更为有力的制约；责任倒查可以追溯源头，疏而不漏。这里还要注意正确适用某法是否明确规定溯及既往的规定。

立法建议如下：

第 44 条 [经济制约机制]

国家在国民经济治理中，建立有效的约束机制。

对在国民经济活动中严重不作为、乱作为、借权谋私以致造成重大决策失误、直接经济损失的，依法追究责任；必要时可以实行责任倒查乃至终身责任追究。

本法所称直接经济损失，是指与违法、违纪、违约行为有着直接因果关系而造成的财产损失。

3. 经济容错与纠错机制

坚持实践第一、实事求是。"容错与纠错机制"显示出了经济法制度的一大特色。经济发展不可能一帆风顺，难免遇到某些波动、挫折。经济发展不可能按照现成套路，要不断应对新情况、新问题。现代市场竞争日益激烈，只有不断创新才能超越自我、永葆活力，而创新过程中不可能绝对正确，遭遇错漏是难免的、正常的。"容错"在于鼓励探索、支持创新，但必须划清容错底线，及时纠正和补救各种错失。

立法建议如下：

第 45 条 [经济容错与纠错机制]

在国民经济活动中，确定容错底线，允许试验、试错，建立容错、纠错机制。对发生错失的决策和行动及时加以纠正和补救。

第 43 条至第 45 条设计了经济激励机制、经济制约机制、经济容错与纠错机制，亦表明经济法是国民经济发展促进之法。

第四节　国民经济在法治轨道上运行、推动高质量发展的制度合力

本节引入"发展要素"这一概念。发展要素即发展的内部条件及外部条件，唯物辩证法认为外因是变化的条件，内因是变化的根据，外因通过内因而起作用。支撑高质量发展、公平发展、安全发展，必须尽快形成和健全各项发展要素。市场运行、宏观经济治理、供求循环、收入分配、经济安全保障都有赖于对相应的发展要素的综合应用。《国家规划纲要》第二十五章"健全城乡融合发展体制机制"第二节题为"加强农业农村发展要素保障"。这里使用了"发展要素"一词，而且要求"加强保障"，可誉之为中国式的、真正的发展经济学的体现之一。不过，本节所称"发展要素"，并非全

部的发展要素，而只局限于经济法视域的发展要素。鉴于社会主义市场经济的系统性、整体性、协同性，本节借助"横轴-纵轴"模型，运用定性分析与定量分析相结合的方法来考察国民经济运行五大制度板块（参见图2-1、图2-2、图2-3、图2-4、图2-5）。[1]

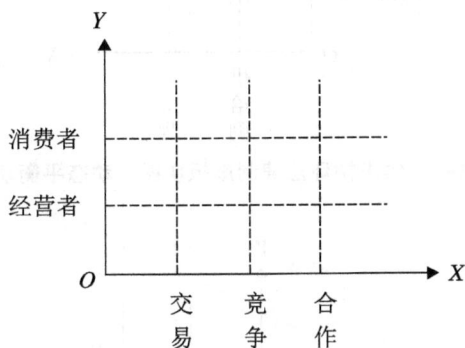

图 2-1　市场运行法律制度板块图·微观导向功能

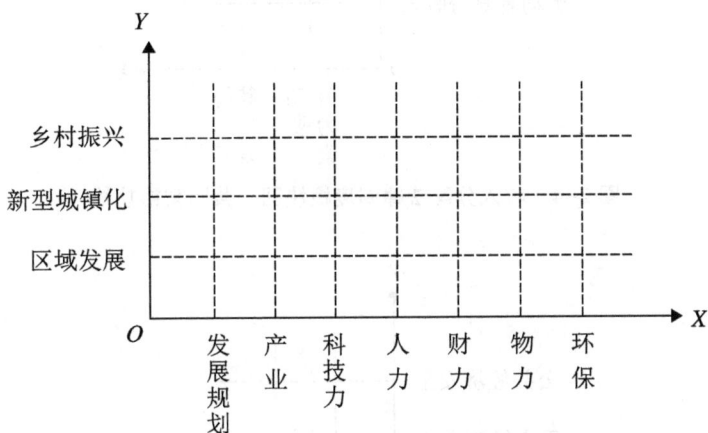

图 2-2　宏观经济治理法律制度板块图·战略决策功能

---

　　[1]　参见程信和、曾晓昀："经济法典'分则'论"，载《法治社会》2021年第3期，第46~62页。

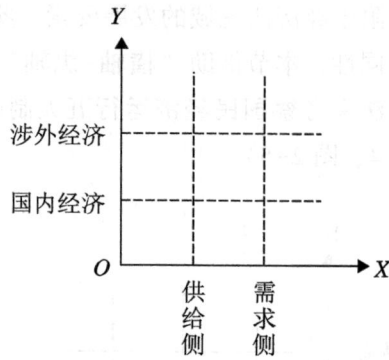

图 2-3 　供求循环法律制度板块图·动态平衡功能

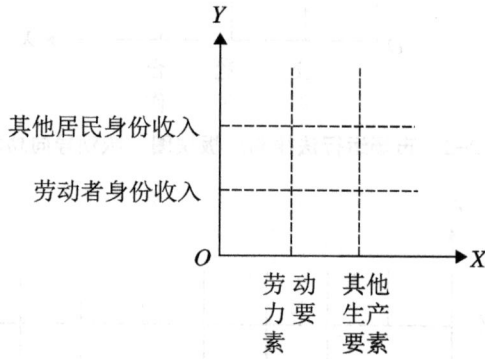

图 2-4 　收入分配法律制度板块图·共同富裕功能

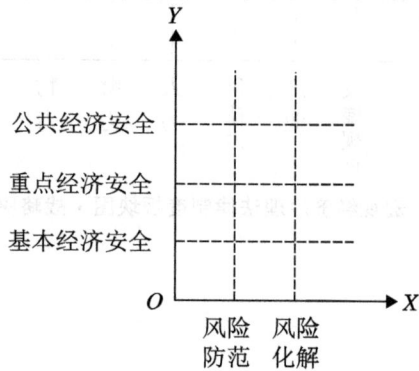

图 2-5 　经济安全保障法律制度板块图·应对风险功能

一、关于经济发展的制度板块

1. 第一板块：市场运行制度

市场运行指市场主体凭借市场客体（即市场本身）所进行的生产、分配、流通、消费等活动。"市场运行法律制度板块"调整因运用市场机制而产生的、发挥微观导向作用层面的经济关系。"市场运行法律制度"对应"总则"的经济发展权，构成国民经济在法治轨道上运行的制度系统中推动经济发展的第一板块，即未来《经济法典》"分则"第一编。其中，前四类具体制度为第一分编，后两类具体制度为第二分编。

在市场运行模块横轴线上，可以设计三类"发展要素"，包括经济交易、经济竞争、经济合作，主要表现发展手段。

市场运行模块的纵轴线是为了实现发展目标。过去，我们使用"市场监管"一词来表述这些方面的内容。"监管"一词仍须运用，不过所指有限。可以看出，"运行"的含义包括但超出了"监管"，其旨趣更为主动。必须特别强调企业等市场主体的法律地位，"没有企业主体的经济法，不是真正的经济法"。[1]具体而言，经济立法必须着重解决经营者、消费者的内生动力、利益协调问题，推动经济发展，保障有效消费。

市场运行法律制度板块包括市场基础、市场交易及其监管、市场竞争及其监管、市场合作及其监管、企业等市场主体发展、消费者权益保护等方面的法律制度。借助定性分析与定量分析相结合的思维，笔者主张，在国民经济领域，以经济交易、竞争及合作为横轴（水平线），经营者、消费者为纵轴（垂直线），运用发展手段实现发展目标，创新现代市场运行模式。现代经济法正是市场运行之规范。

立法建议如下：

第 46 条［第一板块：市场运行制度的调整范围］

市场运行法律制度调整因运用市场机制而产生的、发挥微观导向作用层

---

〔1〕刘文华："关于'经济法通则'立法的基本考察"，载程信和：《经济法通则立法专论》，濠江法律学社 2019 年出版，第 142 页。

面的经济关系。

建立和健全市场运行基础制度、一般市场制度和特别市场制度。

在国民经济领域，以经济交易、竞争及合作为横轴，经营者、消费者为纵轴，运用发展手段实现发展目标，创新市场运行模式。

第一板块的第一类具体制度为市场基础法律制度。市场力量的源泉有"产品差异化""广告和相关的营销策略""消费者惯性"。[1]高标准市场体系要求基础制度健全。其中，价格是首要的经济手段。《价格法》（1997年）第1条即确定"稳定市场价格总水平"。改革中，必须确立主要由市场决定价格的机制。与《经济法典》"总则"第1条"物价稳定"目标相呼应，必须强调价格政策的地位和作用。

立法建议如下：

第47条 [市场基础法律制度]

实施高标准市场体系建设行动，形成全国统一、开放市场。

市场经济依靠价值规律调节经济运行。国家确立主要由市场决定价格的机制，并保持市场物价水平总体稳定。

除价格外，国家健全产品质量、计量、标准化、认证认可、资产评估、广告、市场主体登记管理、市场准入及退出等基础制度。

第一板块的第二类具体制度为市场交易及其监管法律制度。经济交易发生于经营者与消费者之间，但这里所称的"消费"，实际上不限于生活消费，还有生产消费。通过资源、产品流动，实现有效配置。公平交易有三个条件——计量正确、质量保障、价格合理。满足这三项条件，交易才算是公平的。基于电子商务新业态的功能，国家依法鼓励发展、创新商业模式。

立法建议如下：

---

[1] 详见 [比] 保罗·贝拉弗雷姆、[德] 马丁·佩泽：《产业组织：市场和策略》，陈宏民等译，格致出版社、上海三联书店、上海人民出版社2015年版，第91~159页。

第 48 条［市场交易及其监管法律制度］

实行公平交易，坚持质量保障、价格合理、计量正确等条件，推进商品和服务市场提质增效，完善交易规则和服务体系。

第一板块的第三类具体制度为市场竞争及其监管法律制度。经济竞争发生于经营者与经营者之间，通过优胜劣汰，提高市场竞争力。公平的经济竞争，要求平等进入、自由流动、有序运行。竞争是以价格、质量、成本、销售等为标志和手段进行的。发展社会主义市场经济，必须以竞争为基础，通过有序竞争、正当竞争来推动社会生产力的进步。必须注意，微观导向的竞争政策和宏观导向的产业政策不应脱节，更不能对立。

立法建议如下：

第 49 条［市场竞争及其监管法律制度］

实行公平竞争，加强反垄断、反不正当竞争执法。
防止资本无序扩张。
确立竞争政策基础地位，加强产业政策和竞争政策协同。

第一板块的第四类具体制度为市场合作及其监管法律制度。经济合作发生于市场主体之间、国内区域之间、国际之间。通过优势互补，达到经济共赢效果。经济合作的类型可分为紧密型合作、半紧密型合作、松散型合作。有观点提出，理想化的合作模式有直接协议模式、市场化模式、基于正义的模式。[1]对于合作的功能，经济立法（含涉外经济法）必须作出回应。不仅要发展对内合作（即发展国内企业之间、地区之间各种形式的社会主义协作），也要推进涉外合作，包括参与经济全球化、区域经济一体化，推动"一带一路"建设。

立法建议如下：

---

〔1〕［美］何维·莫林：《合作的微观经济学——一种博弈论的阐释》，童乙伦、梁碧译，格致出版社、上海三联书店、上海人民出版社 2011 年版，第 6 页。

第50条 [市场合作及其监管法律制度]

在统筹大局、利益共享、规则协调基础上，发展国内企业之间、地区之间各种形式的社会主义协作。

参与经济全球化、区域经济一体化，推动"一带一路"建设，全面提升中国对外经济合作水平。

加强市场合作，实现互促共赢。

第一板块的第五类具体制度为市场主体发展法律制度。应鼓励经营者从事经济交易、经济竞争、经济合作，激发其经营活力。例如，优化发展外部环境，完善内部治理结构，推进国有企业发展，支持民营企业发展，规范混合所有制企业发展，弘扬企业家、工匠、劳模精神，等等。总之，通过激发市场主体活力的举措，综合应用各类发展要素，最大限度地发挥市场的有效运行功能。

立法建议如下：

第51条 [市场主体发展法律制度]

运用经济手段、法律手段和必要的行政手段，优化经营环境，激发企业等各类市场主体活力。

推广现代企业制度。

弘扬企业家、工匠、劳模精神。

第一板块的第六类法律制度为消费者权益保护法律制度。提升消费者在市场运行中的地位，保护消费者合法权益。例如，拓展消费者的权益范围，促进经营者履行对消费者的义务，加强对消费者权益的综合保护，等等。尤其是要重视创设消费公益诉讼机制，关注电子商务等新型交易方式下对消费者权益的保护。总之，我国应通过保护消费者权益举措，综合应用各类发展要素，最大限度地发挥市场有效运行功能。

立法建议如下：

第 52 条 [消费者权益保护法律制度]

拓展消费者权益范围，促进经营者履行对消费者的义务。通过公力、私力和社会力，加强对消费者权益的保护。

2. 第二板块：宏观经济治理制度

经济领域，可作微观和宏观之分，微观着眼个量，宏观着眼总量。适应新发展格局，十九届五中全会提出，"完善宏观经济治理"。依据改革开放精神和经验，经济法应当列出宏观经济治理政策。过去，我们使用"宏观调控"一词来表述这些方面的内容。"调控"一词仍可运用、仍在运用，但须了解，"治理"较之"调控"，在提法上更为确切和完整。可以看出，"治理"的含义包括但超出了"调控"，其旨趣更为灵动。

宏观经济治理针对国民经济总体运行状态，着眼于大局、全局。"宏观经济治理法律制度板块"调整因制定、执行国民经济和社会发展规划（计划）而产生的、发挥战略决策作用层面的经济关系。"宏观经济治理法律制度"对应"总则"的经济发展权，构成国民经济在法治轨道上运行的制度系统中推动经济发展的第二板块，即未来《经济法典》"分则"第二编。其中，前十类具体制度为第一分编，后三类具体制度为第二分编。

在宏观经济治理模块横轴线上，可以设计七类"发展要素"，包括发展规划、产业、科技力、人力、财力、物力、环保，主要表现发展手段。顺带说明，上述"科技力""人力""财力""物力"的表述并非法律范畴，而只是借用了经济学等社会科学上的用语。但也可以考虑，将它们贴切地转化为法律用语。

宏观经济治理模块的纵轴线是为了实现发展目标的。发展规划、产业、科技力、人力、财力、物力、环保在实践中往往结合运用。以规划指引方向，合理把握经济增长、就业、价格、国际收支等调控目标，产业发展贯彻规划，加快国民经济创新驱动，人力、财力、物力、环保提供发展产业、实现规划的保障。具体而言，经济立法必须综合应用以上发展要素，解决区域发展、新型城镇化、乡村振兴所面临的实际问题。

宏观经济治理法律制度板块包括国民经济和社会发展规划（计划）、产业发展（含房地产业发展）、科技创新、数字经济、就业促进、财政、税收、货币金融、国有资产资源管理利用、区域发展、新型城镇化建设、乡村振兴等方面的法律制度。借助定性分析与定量分析相结合的思维，笔者主张，在国民经济领域，以发展规划、产业、科技力、人力、财力、物力、环保为横轴（水平线），以区域发展、新型城镇化建设、乡村振兴为纵轴（垂直线），运用发展手段实现发展目标，创新现代宏观经济治理模式。现代经济法正是宏观经济治理之规范。

立法建议如下：

第53条［第二板块：宏观经济治理制度的调整范围］

宏观经济治理法律制度调整因制定、执行国民经济和社会发展规划（计划）而产生的、发挥战略决策作用层面的经济关系。

健全以国家发展规划为战略导向，以财政政策和货币政策为主要手段，产业、就业、投资、消费、环保、区域及涉外经济等政策紧密配合、目标优化、分工合理、高效协同的宏观经济治理体系。

在国民经济领域，以发展规划、产业、科技力、人力、财力、物力、环保为横轴，区域发展、新型城镇化、乡村振兴为纵轴，运用发展手段实现发展目标，创新宏观经济治理模式。

第二板块的第一类具体制度为国民经济和社会发展规划（计划）法律制度。改革计划经济体制，并非取消计划管理，"全国一盘棋"、集中力量办大事必须要有战略决策。规划（计划）把握国民经济发展的总体和脉络。《国家规划纲要》展现了全面建成社会主义现代化强国总体战略意图、政府工作要点、市场主体行为，清晰明确。在国家发展规划中，战略科技首当其冲，现代产业、国内市场、城乡融合发展、绿色发展、收入分配、经济安全等一览无遗。由此也可看出，经济法与狭义的社会法是有许多联结点的。接下来要做的就是怎样"确保如期完成发展规划"，对此，经济法及社会法必须作出应有的贡献。

立法建议如下：

第 54 条［国民经济和社会发展规划（计划）法律制度］

以国家发展规划为战略导向，制定指令性指标和指导性指标，指引国民经济和社会事业实现更高质量、更有效率、更加公平、更为安全、更可持续的发展。

第二板块的第二类具体制度为产业发展法律制度。经济发展的关键在于产业促进，宏观经济治理的着力点也在于产业，特别是实体经济、战略性新兴产业。加强产业政策调控，涉及坚守实体经济、发展数字经济、优化供给结构、产业布局、循环经济促进、安全生产、清洁生产。发展现代产业体系，推进军民企业融合发展。

立法建议如下：

第 55 条［产业发展法律制度］

发展现代产业体系，促进实体经济发展，在产业政策的指引下和竞争政策的基础上推动经济体系优化升级。

第二板块的第三类具体制度为科技创新法律制度。科技也是一种产业，同时又引领各项产业。在国际上，科技竞争十分激烈，在某种程度上决定国家命运。国家正在制定《科技兴国行动纲要》。发展必须"依靠不断注入新技术，依靠产生和吸收技术变化的能力"。[1]科技力作为国家发展的战略支撑，发挥第一生产力的驱动作用，建设创新型国家。明确科技面向国民经济主战场，坚持自立自强的高水平科技创新，完善科技创新体制机制。

立法建议如下：

第 56 条［科技创新法律制度］

创新科技，普及科技，运用科技，增强对国家建设的科技力保障。

面向经济主战场、面向国家重大需求、面向人民生命健康，把实现高水

---

〔1〕　［英］阿列克·凯恩克劳斯：《经济学与经济政策》，李琮译，商务印书馆 2015 年版，第176 页。

平科技自立自强作为国家发展的战略支撑。

构建关键核心技术攻关举国体制，集中高端力量，瞄准科技前沿，突破基础难题，为国家发展大局提供根本支撑。

完善科技创新体制机制。

弘扬科学家精神。

第二板块的第四类具体制度为数字经济法律制度。互联网作为20世纪最伟大的发明之一，把世界变成了地球村。数字时代，大数据、人工智能、区块链、物联网、云计算、5G等现代科技高速发展。数字经济也属产业经济，鉴于其特别的技术含量及对经济的特殊重要性，故单列出来。2020年，中国提出《全球数据安全倡议》，表示愿以此为基础，同各国探讨并制订全球数字治理规则。数字经济法律制度体现经济法对"未来"发展的前瞻期待，推动经济法"数字化"。

立法建议如下：

第57条 ［数字经济法律制度］

鼓励互联网发展，确保互联网在法治轨道上健康运行。

发展数字经济，推进数字产业化和产业数字化，与实体经济深度融合，催生新产业、新业态。

通过数字经济业态，将中国经济与世界经济联结起来，更好地利用两个市场、两种资源。

第二板块的第五类具体制度为房地产业发展法律制度。不动产是民众安居乐业的基础财产。房价问题容易促发物价上涨乃至通货膨胀。国家高度重视房地产问题，积极采取一系列调控措施来稳定房价。房地产业虽属产业之一，但鉴于其对国计民生的特殊重要性，故单列出来。

立法建议如下：

第58条 ［房地产业发展法律制度］

坚持住房定位，租购并举，有效增加保障性住房供给。

稳步推动房地产开发、交易，促进房地产市场平稳、健康发展。

第二板块的第六类具体制度为就业促进法律制度。与《经济法典》"总则"第1条"就业充分"目标相呼应，必须强调就业政策的地位和作用。人力、人才资源体现人民群众的智慧和力量，是推进国民经济发展的第一资源。人口问题是国民经济发展面临的重大问题，必须实施积极的人口政策，为劳动后备军培育作出积极贡献。

立法建议如下：

第 59 条 [就业促进法律制度]

在国民经济运行进程中，实施就业优先政策，促进充分就业，调动劳动积极性和创造性，增强对国家建设的人力保障。

实施与经济社会发展相适应的人口政策，促进人口长期均衡发展，有计划地、科学地培育劳动后备军。

第二板块的第七类具体制度为财政法律制度。财力保障乃国民经济发展的支撑，在国民经济运行中至关重要。财政政策、货币政策为宏观治理的两大基本政策手段。财政制度方面，着重于财政资源统筹、国家重大战略任务财力保障、预算绩效管理等。既要广开财源，不断提高国家财政收入，又要合理支出，把财政资源真正使用好。

立法建议如下：

第 60 条 [财政法律制度]

建立现代财政制度，以财政政策作为宏观经济治理主要手段，广开财源，合理支出，为国家建设提供财力保障。

第二板块的第八类具体制度为税收法律制度。税收属于广义的财政范围，是典型的国家经济调节手段。按照中央和地方分税制，推进商品税、所得税与财产税的优化配置，促进直接税与间接税的优化配置。我国应适当提高直接税比重，健全地方税体系，关注房地产税问题，完善税收优惠措施。

立法建议如下：

第 61 条 [税收法律制度]

坚持税收法定，建立现代税收制度，合现安排直接税和间接税关系，完善中央和地方分税制，增强对国家建设的财力保障。

第二板块的第九类具体制度为货币金融法律制度。《中国人民银行法》（2003 年修正）第 3 条规定："货币政策目标是保持货币币值的稳定，并以此促进经济增长。"统筹发展政策性金融、商业性金融、合作性金融，健全货币政策和宏观审慎政策双支柱调控框架，促进数字货币的有效实施，防止发生系统性、区域性金融风险。金融是现代经济的重要支柱，必须促进金融支持实体经济发展。货币金融法律制度涵括货币、银行、信托、证券、保险等各个行业、领域，对应到《经济法典》"分则"中的比重很大。

立法建议如下：

第 62 条 [货币金融法律制度]

建设现代中央银行制度，以货币政策作为宏观经济治理主要手段，发展金融业，促进商业银行等金融有效支持实体经济，增强对国家建设的财力保障。

第二板块的第十类具体制度为国有资产资源管理利用法律制度。国有资产管理可以被定为"财政工作的有机组成部分"。[1] 国务院国有资产监督管理委员会这个机构，正是从财政机构中分设出的。2017 年 12 月，中共中央决定，建立国务院向全国人民代表大会常务委员会报告国有资产管理情况制度。各类资产的有效管理和合理利用，可以为经济发展提供坚实的基础。

立法建议如下：

第 63 条 [国有资产资源管理利用法律制度]

对经营性、非经营性国有资产和国有自然资源能源，建立健全管理利用制度，增强对国家建设的物力保障。

坚持实施节约资源、能源的基本国策。

---

〔1〕 项怀诚主编：《领导干部财政知识读本》，经济科学出版社 1999 年版，第 305 页。

第二板块的第十一类具体制度为区域发展法律制度。优化国土空间布局，聚焦京津冀协同发展、长江经济带发展、长三角一体化发展、粤港澳大湾区建设、黄河流域生态保护和高质量发展、海南自由贸易港等若干经济区域的战略发展，提升西部大开发、东北振兴、中部地区崛起、东部地区的特色产业。稳住西、北，经略东、南。总之，通过实施区域发展举措，综合应用各类发展要素，最大限度地发挥国家宏观战略决策功能。

立法建议如下：

第 64 条［区域发展法律制度］

构建区域协调发展制度，实现国家重大区域战略，促进发达地区和欠发达地区、东中西部和东北地区共同发展。

第二板块的第十二类具体制度为新型城镇化法律制度。我国正在加快新型城镇化的发展规划，实施"城市更新行动"，优化城镇布局。统筹智慧城市建设与科技创新，促进城市维护与更新。转变城市经济发展方式，有效调动科技力、人力、财力、物力推进新型城镇化。稳步发展城镇房地产市场，控制不合理的高价售房，保障居民有效需求。推进绿色城市建设，提升城市品质。总之，通过新型城镇化建设举措，综合应用各类发展要素，最大限度地发挥国家宏观战略决策功能。

立法建议如下：

第 65 条［新型城镇化法律制度］

实行新型城镇化战略，推进新型城镇化发展。
实施城市更新行动，加强城市重要基础设施建设，提升城市品质。
合理安排城市布局，防止城市规模膨胀。
保障城镇人口安居乐业。

第二板块的第十三类具体制度为乡村振兴法律制度。2021 年 4 月 29 日通过的《乡村振兴促进法》第 1 条规定了"全面实施乡村振兴战略，促进农业全面升级、农村全面进步、农民全面发展，加快农业农村现代化，全面建设社会主义现代化国家"的立法宗旨。该法设计产业发展、人才支撑、文化繁荣、生态保护、组织建设、城乡融合、扶持措施、监督检查等章节。要全面理解、把握《乡村振兴促进法》的制度精神，并将之引入《经济法典》"总则"的相关条款。

要坚持把解决好"三农"问题作为全党全国工作的重中之重，把全面推进乡村振兴作为实现中华民族伟大复兴的一项重大任务。全面推进乡村振兴发展规划，实施"乡村建设行动"，聚焦乡村新产业、新业态，培养新型农民。充分利用本地资源优势，加强乡村环境保护，发展乡村特色经济、绿色经济。总之，通过乡村振兴举措，综合应用各类发展要素，最大限度地发挥国家宏观战略决策功能。

立法建议如下：

第 66 条［乡村振兴法律制度］

优先发展农业农村，全面促进乡村振兴。

实施乡村建设行动，实现巩固拓展脱贫攻坚成果同乡村振兴的有效衔接。

坚持实施十分珍惜、合理利用土地和切实保护耕地的基本国策，防止农村土地抛荒。

保障农村人口安居乐业。

3. 第三板块：供求循环制度

就一般情况而言，在社会主义经济发展过程中，经常会出现不平衡状况，要求在发展中适当调整、综合平衡。就当前的状况而言，中国发展不平衡、不充分的问题仍然突出。通过内促外联，畅通国民经济循环，就是综合平衡、动态平衡。其中，与《经济法典》"总则"第 1 条"国际收支平衡"目标相呼应，必须强调国际收支政策的地位和作用。

"供""求"是市场经济内在关系的两个基本方面，中央提出"以畅通国民经济循环为主构建新发展格局"。[1] "供求循环法律制度板块"调整因

---

〔1〕 习近平：《在经济社会领域专家座谈会上的讲话》（2020 年 8 月 24 日）。

需求牵引供给和供给创造需求而产生的、发挥动态平衡作用层面的经济关系。"供求循环法律制度"对应"总则"的经济发展权，构成国民经济在法治轨道上运行的制度系统中推动经济发展的第三板块，即未来《经济法典》"分则"第三编。其中，前两类具体制度为第一分编，后一类具体制度为第二分编。

"供给侧和需求侧是管理和调控宏观经济的两个基本手段。"[1]坚持国内大循环为主体、国内国际双循环相互促进的新发展格局，《经济法典》"分则"有必要设立"供求循环法律制度板块"，这是其他法律部门没有涉及或者没有全面解决的。

在供求循环模块横轴线上，可以设计两类"发展要素"，包括供给侧、需求侧，主要表现发展手段。

供求循环模块的纵轴线是为了实现发展目标的。需求牵引供给，供给创造需求。过去，我们使用"产销"一词来表述这些方面的内容。"产销"一词仍可运用，不过应上升到供给侧、需求侧的理论高度。可以看出，"循环"的含义包括但超出了"产销"，其旨趣更为跃动。具体而言，经济立法必须着重统筹解决国内、国际方面的供求平衡问题。

供求循环法律制度板块包括消费、投资、对外经济开放等方面的法律制度。借助定性分析与定量分析相结合的思维，笔者主张，在国民经济领域，以供给侧、需求侧为横轴（水平线），以国内经济、涉外经济为纵轴（垂直线），运用发展手段实现发展目标，创新现代供求循环模式。现代经济法正是供求循环之规范。

立法建议如下：

第 67 条［第三板块：供求循环制度的调整范围］

供求循环法律制度调整因需求牵引供给和供给创造需求而产生的、发挥动态平衡作用层面的经济关系。

畅通国内经济大循环。依托强大国内市场，协调生产、分配、流通、消

---

〔1〕 习近平：《在省部级主要领导干部学习贯彻党的十八届五中全会精神专题研讨班上的讲话》（2016 年 1 月 18 日）。

费各环节，形成国内经济良性循环，达到供给、需求动态平衡。

联通国内国际经济双循环。立足国内循环，促进内需和外需、进口和出口、引进外资和对外投资协调发展，保持国际收支基本平衡。

在国民经济领域，以供给侧、需求侧为横轴，以国内经济、涉外经济为纵轴，运用发展手段实现发展目标，创新供求循环模式。

第三板块的第一类具体制度为消费法律制度。中国现有 14 亿人口，是全世界最具潜力的消费市场。广义的消费，其内容包括消费者权益保护。鉴于消费者权益保护的特殊性，对其在第一制度板块中已作单列。消费对推动国民经济发展具有基础性作用，被称为拉动经济发展的"三驾马车"之一。消费要合理、适度，提倡节约，反对浪费。必须统筹积累与消费，体现需求侧的发展趋势。

消费市场既包括国内市场，也包括国际市场。2021 年 7 月，经国务院批准，上海、北京、广州、天津、重庆率先开展国际消费中心城市建设。可以期待的是，国际消费中心城市还会更多。《经济法典》"分则"设立"消费法律制度"，恰其时也。

立法建议如下：

第 68 条 [消费法律制度]

建立合理消费、促进消费制度，增强消费对推动经济发展的基础性作用。

制止和处理食品等浪费。

第三板块的第二类具体制度为投资法律制度。投资对优化国民经济供给结构具有关键性作用，被称为拉动经济发展的"三驾马车"之一。聚焦供给侧主体、行为、结构、领域、内生增长等法律问题。其中，PPP 是经济法视域的典型投资模式，充分促进供给侧政府和社会资本的有效合作。

立法建议如下：

第 69 条 [投资法律制度]

建立合理投资、有效投资制度，发挥投资对优化供给结构、扩大再生产的关键性作用。

防范和处置非法集资。

第三板块的第三类具体制度为对外经济开放法律制度。在涉外经济中，出口被称为拉动经济发展的"三驾马车"之一，它更多地考虑供给侧。同时，协调进口与出口发展，进口更多地考虑需求侧。加强外贸、外资相关制度建设，建立更高水平的开放型涉外经济新体制，推动"一带一路"合作发展。优化国内、涉外市场布局，"引进来"与"走出去"相结合，健全供给侧、需求侧一体化调控体系。充分利用全球市场与资源，提高中国品牌的国际影响力。积极参与全球经济治理，提升中国在国际经济发展事务中的制度话语权。总之，通过实行高水平对外开放举措，综合应用各类发展要素，最大限度地发挥国民经济动态平衡功能。

立法建议如下：

第 70 条 [对外经济开放法律制度]

国家坚持对外开放的基本国策。

实施更大范围、更宽领域、更深层次的对外经济开放，增强参与国际经济合作和竞争优势，开拓合作共赢新局面。

二、关于经济分配的制度板块

经济决定分配，分配影响经济。如前所述，摩莱里、德萨米曾把经济法与分配法当成同义语，称为"分配法或经济法""分配法和经济法"。必须了解，"被当代人赋予新含义的经济法概念是对摩莱里和德萨米经济法思想的继承和重大发展"。[1]

---

[1] 杨紫烜主编：《经济法》（第 5 版），北京大学出版社、高等教育出版社 2014 年版，第 9 页。

　　"收入分配法律制度板块"调整因共享发展成果而产生的、发挥共同富裕作用层面的经济关系。"收入分配法律制度"对应"总则"的经济分配权，构成国民经济在法治轨道上运行的制度系统中安排经济分配的板块，即未来《经济法典》"分则"第四编。其中，前一类具体制度为第一分编，后两类具体制度为第二分编。

　　分配制度已上升为基本经济制度，分配法自当成为经济法不可或缺的内容之一。目前，经济法体系包括实在法体系、理论体系、教材体系，缺少"分配法"的状况有待改变。《经济法典》"分则"必须设立"收入分配法律制度板块"，这是传统的按劳分配和新兴的生产要素市场化配置结合、并用而引起的法治革命，其中也反映出了经济法部门与社会法部门不可避免的部分交织，而这在具体立法中本是不存在什么歧义的。

　　在收入分配模块横轴线上，可以设计两类"发展要素"，包括劳动力要素和土地、资本、技术、数据等其他生产要素，它们实际上都是表现发展手段的。

　　收入分配模块的纵轴线实际上也是服务发展目标的。劳动力要素、其他生产要素在实践中往往结合起来发挥作用。以劳动力要素为基础，充分尊重劳动者的劳动权益。其他生产要素有的是传统型的，但现今供应更紧张、价值更大（如土地）；有的是新型的（如技术、信息）。具体而言，要着重解决如何以劳动者身份、其他居民身份共享发展成果的问题。

　　收入分配法律制度板块包括生产要素配置、工资、其他生产要素市场贡献报酬等方面的法律制度。借助定性分析与定量分析相结合的思维，笔者主张，在国民经济领域，以劳动力要素和其他生产要素为横轴（水平线），以劳动者身份收入和其他居民身份收入为纵轴（垂直线），运用发展手段服务发展目标，创新现代收入分配模式。现代经济法正是收入分配之规范。

　　立法建议如下：

第 71 条 [第四板块：收入分配制度的调整范围]

　　收入分配法律制度调整因共享发展成果而产生的、发挥共同富裕作用层面的经济关系。

　　健全体现效率、促进公平的收入分配制度，实现更加公平的发展。

在国民经济领域，以劳动力要素和其他生产要素为横轴，以劳动者身份收入和其他居民身份收入为纵轴，运用发展手段服务发展目标，创新收入分配模式。

第四板块的第一类具体制度为发展经济的生产要素配置法律制度。在劳动力要素配置的基础上，逐步引入其他生产要素参与分配，反映经济发展动力的多元趋势。土地贡献分配要考虑国有土地使用收益、农村集体土地使用收益，通过土地要素使用权、收益权增加中低收入群体要素收入。资本贡献分配要统筹股权收益、企业债券收益、投资基金收益等。才能贡献分配概括了知识贡献报酬、技术贡献报酬、管理贡献报酬等的分配，体现对人才和知识的尊重。数据（信息）贡献分配分为经营信息、技术信息等贡献报酬的分配。

立法建议如下：

第 72 条［发展经济的生产要素配置法律制度］

实行按生产要素分配制度，促进劳动力和土地、资本、才能（知识、技术、管理）、数据（即信息）等生产要素的合理配置，促进国民经济发展，增加劳动者和其他居民的收入。

第四板块的第二类具体制度为按劳分配法律制度。《中共中央关于制定国民经济和社会发展第十四个五年规划和二〇三五年远景目标的建议》提出，"完善工资制度"。劳动的付出，换来体现效率的劳动报酬。在工资制度改革中，应当健全工资基准，考虑不同行业、不同岗位的合理增长，保障居民收入与经济增长基本同步。加强农民工工资支付保障，切实执行《保障农民工工资支付条例》（2019 年）。总之，工资制度改革关乎每个人的切身利益，要充分倾听一线劳动者的心声。

立法建议如下：

第 73 条［按劳分配法律制度］

完善企业、事业单位和国家机关及社会团体的工资制度，健全工资基准、合理增长和支付保障机制，逐步提高各类劳动者、工作人员的收入水平。

第四板块的第三类具体制度为其他生产要素按市场贡献决定报酬制度。既需要考虑劳动者身份的分配，也需要考虑社会成员以其他居民身份出现时的分配，例如股票投资收入、银行存款收入、技术转让收入等。坚持缩小区域之间、城乡之间、职场之间不合理的收入差距，保障其他居民身份的生产要素使用权、收益权，健全以其他居民身份获得报酬的市场调节机制，增加中低收入群体的要素收入。总之，我国应通过实施对以其他居民身份所作市场贡献进行分配的举措，综合应用各类发展要素，最大限度地发挥走向共同富裕功能。

立法建议如下：

第74条［其他生产要素按市场贡献决定报酬法律制度］

健全土地、资本、才能（知识、技术、管理）、数据（即信息）等其他生产要素由市场评价贡献、按贡献决定报酬的机制和办法。

三、关于经济安全的制度板块

经济安全，包括宏观、微观两个方面。"经济安全保障法律制度板块"调整因统筹发展和安全而产生的、发挥应对风险作用层面的经济关系。"经济安全保障法律制度"对应"总则"的经济安全权，构成国民经济在法治轨道上运行的制度系统中保障经济安全的板块，即未来《经济法典》"分则"第五编。其中，前一类具体制度为第一分编，后两类具体制度为第二分编。

《国家规划纲要》提出，"把安全发展贯穿国家发展各领域和全过程，防范和化解影响我国现代化进程的各种风险"。为了坚持发展与安全统筹、实现更为安全的发展，《经济法典》"分则"必须设立"经济安全保障法律制度板块"，这是由世界百年未有之变局和中国新时代发展之格局引起的法治革命，其中也反映出经济法部门与行政法部门不可避免的部分交织，而这在具体立法中本是不存在什么歧义的。

在经济安全保障模块横轴线上，也可设计两类"发展要素"，包括风险防范、风险化解，它们实际上仍是表现发展手段的。风险多种多样，与之对应，涉及的安全因素有：安全意识、安全设施、安全操作、安全技术、安全管理、安全储备、安全环境、安全应急等等。

经济安全保障模块的纵轴线实际上也是服务发展目标的。各行为主体、各活动领域都要实现风险防范、风险化解相结合。应当冷静地面对各种风险，积极做好矛盾的转化工作，转危为安，化险为夷。具体而言，要着重解决基本经济安全、重点经济安全、公共经济安全等方面的保障问题，并加强经济监督。

经济安全保障法律制度板块包括经济风险防范化解、国家经济安全保障、经济监督等方面的法律制度。借助定性分析与定量分析相结合的思维，笔者主张，在国民经济领域，以风险防范、风险化解为横轴（水平线），以基本经济安全、重点经济安全、公共经济安全为纵轴（垂直线），运用发展手段服务发展目标，创新现代经济安全保障模式。现代经济法正是经济安全保障之规范。

立法建议如下：

第 75 条 ［第五板块：经济安全保障制度的调整范围］

经济安全保障法律制度调整因保障经济安全而产生的、发挥应对风险作用层面的经济关系。

在总体国家安全观统率下，实现更为安全的发展。

在国民经济领域，以风险防范、风险化解为横轴，以基本经济安全、重点经济安全、公共经济安全为纵轴，运用发展手段服务发展目标，创新经济安全保障模式。

第五板块的第一类具体制度为经济风险防范化解法律制度。

关于风险防范。"风险"与"不确定性"对应。[1]防范是前提，防范为主方能避免重大损失。我国应以发展为导向和目标，完善经济体系的竞争力

---

〔1〕 ［美］弗兰克·H. 奈特：《风险、不确定性与利润》，安佳译，商务印书馆 2010 年版，第189 页。

调查、风险管理评价、抗风险能力等对应的各项制度。设立风险分类标准，相应制定风险防范机制、风险预警机制，实现安全可控。统筹建设经济安全数据库，对各类经济安全类型实现全覆盖。

关于风险化解。风险难以完全避免，出了问题就要立即化解，尽量减少损失。健全风险识别机制，完善风险应对方案的启动程序，有针对性地化解各类经济风险对经济领域造成的危害。从保障国民经济安全出发，既要遏制现有风险的危害扩散并最终消除危害，也要防范可能产生的新风险。要落实经济安全党政同担责任制，发挥"关键少数"的关键作用。健全风险化解的后期处理机制，落实责任追究。

立法建议如下：

第 76 条 [经济风险防范化解法律制度]

设立经济风险分类标准，相应制定风险防范机制、风险预警机制，实现安全可控。完善风险应对方案的启动程序，有针对性地化解各类经济风险对经济领域造成的危害，健全风险化解的后续处理机制。

第五板块的第二类具体制度为国家经济安全保障法律制度。

基本经济安全是指基本经济制度、市场经济秩序和重大经济利益。针对基础性、战略性、前沿性经济领域、产业（行业）、项目设施等，建立安全可控的风险防范、风险化解机制。加强国家的、部门的、地方的各类主体在基本经济安全保障中的沟通、协调、合作。

重点经济安全领域，主要指粮食、自然资源能源、金融等领域。其一，粮食安全。《农业法》（2012 年修正）第五章为"粮食安全"，第 31 条规定"国家采取措施保护和提高粮食综合生产能力，稳步提高粮食生产水平，保障粮食安全"。亦即，"粮食安全"中的"安全"，涵括粮食产业发展尤其是保障供给。必须构建新形势下以我为主、立足国内、确保产能、适度进口、科技支撑的国家粮食安全战略，提高粮食综合生产能力，强化粮食应急管理。其二，自然资源能源安全。加强自然资源能源开发利用规划和战略布局，完善自然资源能源储备和应急管控体系。其三，金融安全。完善宏观审慎监管体系，突出互联网金融风险监管、系统性风险监管，保障金融核心技术安全、可控。

公共经济安全领域很多，如安全生产、食品药品安全、网络安全与数据安全。其一，安全生产。完善安全生产责任制，健全安全生产标准制度，加强安全生产监测预警、监察执法。其二，食品药品安全。《食品安全法》（2021 年修正）第 150 条第 2 款将"食品安全"界定为"食品无毒、无害，符合应当有的营养要求，对人体健康不造成任何急性、亚急性或者慢性危害"。亦即，"食品安全"中的"安全"，是指狭义上的（传统意义上的）质量安全。完善食品安全标准制度，健全质量追溯体系，联合整治重点领域的食品安全问题。完善药品标识制度和全过程追溯体系，加强药品安全监测、抽检、应急处置等制度建设。其三，生物安全。防控重大新发突发疫情，保护人类遗传资源安全，加强生物安全能力建设。其四，网络安全与数据安全。建立健全网络安全保障体系，维护网络空间安全和秩序。规范数据开发利用，保障数据安全。

总之，通过采取系列经济安全举措，综合应用各类发展要素，最大限度地发挥应对风险功能。

立法建议如下：

第 77 条 [国家经济安全保障法律制度]

加强国家经济安全保障，完善基本经济制度、市场经济秩序和重大经济利益等基本经济安全制度，完善粮食安全、自然资源能源安全、金融安全等重点经济安全制度，完善安全生产、食品药品安全、生物安全、网络安全与数据安全等公共经济安全制度。

第五板块的第三类具体制度为经济监督法律制度。经济监督的目标是维护国民经济秩序，推进廉政、勤政。完善人大监督、国家监察、政府经济监督、司法监督、社会监督。其中，特别要重视审计监督的制约性和建设性作用。必须指出，经济监督不仅仅是为经济安全，也是为整个国民经济发展服务的。经济监督不仅是经济安全保障法律制度的内在之义，更是整个经济法典不可缺少的制度内容，将成为《经济法典》"分则"的一章。

立法建议如下：

第 78 条 [经济监督法律制度]

加强审计和各种经济监督，发挥经济监督在国民经济发展中的督促性、建设性作用，维护国民经济秩序，推进廉政勤政。

党中央提出，坚持在法治轨道上推进国家治理体系和治理能力现代化。经济法学界的认识与中央基调完全保持一致。国民经济运行就是由经济法上述五大板块制度组合，在法治轨道上推进的。对横轴上诸发展要素的功能考察，使经济法的内涵外延更为精准；对纵轴上各行为主体、活动领域就诸发展要素的应用考察使经济法形成制度合力，更为高效。五个"横轴-纵轴"模型开拓了认识和把握现代经济法的崭新视野，促进《经济法典》"总则"对"分则"的一体指导、"分则"对"总则"的有机融接。

引　语

一、本章的缘起

1. 本章的设立目的

设立本章的初衷在于，国民经济运行中活跃着哪些角色（组织、个人）？

法律活动由相应的法律主体加以实施（作为或不作为）。市场主体、国家经济管理主体等构成国民经济发展的基本主体类型。发挥市场的决定性作用，激发市场主体的经济活力。坚持政府有为，促进国家经济管理主体有效履行职责。经济法主体在国民经济运行中应积极行动，在《经济法典》"总则"中形成"市场决定—政府有为"的基本格局。

2. 本章的条文依据

《中共中央关于深化党和国家机构改革的决定》（2018 年）第四部分规定优化政府机构设置和职能配置，第六部分规定合理设置地方机构，这为《经济法典》设计经济行为主体提供了指引。

《宪法》第一章"总纲"规定了各种组织和个人，第二章"公民的基本权利和义务"充分保护个人权益，第三章"国家机构"规定了全国人大、国务院、地方人大、地方各级人民政府等国家经济管理主体。

许多单行经济法律、法规设定了"市场主体"，这为《经济法典》"总则"提供了素材和经验。例如，《反不正当竞争法》《反垄断法》《消费者权益保护法》提出"经营者""消费者"，《产品质量法》提出"生产者""销售者"，《广告法》提出"广告主""广告经营者""广告发布者""广告代言人"，《电子商务法》提出"电子商务经营者""市场主体"，《企业国有资产法》提出"国家出资企业""企业作为市场主体"，《会计法》提出"会计机构和会计人员"，《标准化法》《农民专业合作社法》《旅游法》《证券法》

《海南自由贸易港法》提出"有关市场主体""其他市场主体""各类市场主体"，《优化营商环境条例》提出"企业等市场主体"。此外，针对企业、公司等，我国统一制定了《市场主体登记管理条例》。可见，经济法并不像民法那样统一使用"民事主体"表述。

许多单行经济法律、法规还设定了"国家经济管理主体"，虽然没有使用这种统一称呼，但仍为《经济法典》"总则"提供了素材和经验。例如，《企业国有资产法》使用了"国务院""地方人民政府"，《外商投资法》使用了"国家""国务院商务主管部门、投资主管部门"，《中小企业促进法》使用了"国务院负责中小企业促进工作综合管理的部门"，《反垄断法》使用了"国务院反垄断委员会""国务院反垄断执法机构"，《反不正当竞争法》使用了"县级以上人民政府履行工商行政管理职责的部门"（尚未修改），《价格法》使用了"政府"，《就业促进法》使用了"县级以上人民政府"，《外汇管理条例》使用了"国务院外汇管理部门及其分支机构"，等等。可见，经济法并不像行政法那样统一使用"行政机关"表述。

二、本章的要点

1. 基本主体之一：市场主体

市场主体从事市场经济活动，是社会主义市场经济法律关系的基本参加者。市场主体包括投资者、经营者、消费者、劳动者、纳税人及缴费人等。市场主体既有以企业为基本组织形式的，也有以个人身份出现的。

2. 基本主体之二：国家经济管理主体

国家经济管理主体从事市场经济管理和服务活动，是社会主义市场经济法律关系的基本参加者。国家经济管理主体，包括人大系统和政府系统，分中央和地方两个层次。国家经济管理主体包括宏观经济治理部门、专业经济管理部门、执法监管部门。

3. 社会力量主体

社会力量主体也积极参与市场经济活动，如社会组织、事业单位（见图3-1）。

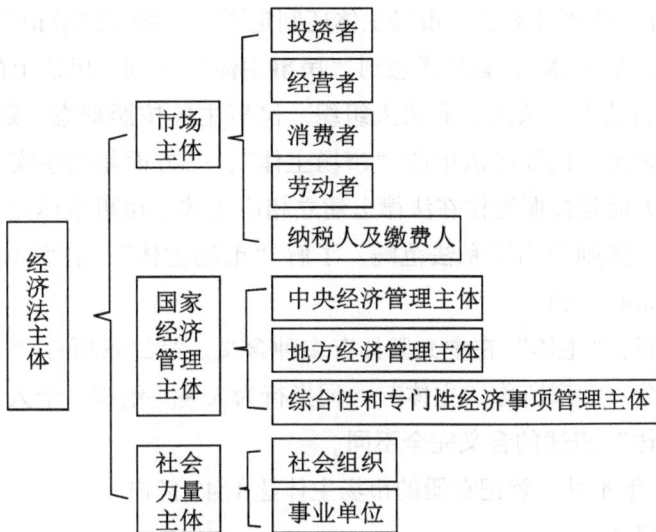

图3-1　经济法主体类型化构造图

三、本章的升华

1. 活跃的市场主体：定向于"市场经济微观活动"

地位应当合法，形式可以多样。市场主体应当坚持经济化改革方向，积极从事市场经济活动，回归行业、职业本位。

2. 积极的国家经济管理主体：定向于"国民经济宏观治理"

管理中有服务，服务中有管理。合理设置政府经济管理机构，成为服务型政府，营造适宜的营商环境。

以上表明，经济法承接并跨越传统民法、行政法，作出了重大创新。

第一节　基本主体之一：市场主体

一、市场主体定位及与民事主体的关联和区别

"市场主体"是经济法中的第一类基本主体。具有经济性、社会性的"市场主体"已成为改革开放以来的政策、法律用语，如十九大报告、《企业国有资产法》都在使用这一概念。《优化营商环境条例》称"企业等市场

主体"。此外，我国针对这一市场主体还制定了《市场主体登记管理条例》。

提到"市场主体"，必然联想到"民事主体"一词。民法上的"民事主体"指的是自然人、法人、非法人组织。民事主体按照形态、财产独立性、责任形式等确定。而经济法中的"市场主体"，一方面是在事实上承接民事主体，另一方面是按照地位在法律上建立相应主体。民事主体是私法意义上的，而市场主体则超出了私法范畴。了解"市场主体"与"民事主体"的关联与区别是必要的。

还须注意，"主体"在中文里具有多种含义。第二章所称"主体"指事物的主要部分。本章所称"主体"一词指行为人——组织、个人，其与第二章所称"主体"表述的含义完全不同。

至2021年4月，登记在册的市场主体达1.43亿户。

立法建议如下：

第 79 条 [市场主体的定义]

本法所称市场主体，是指在市场上从事经济活动，成为社会主义经济法律关系的基本参加者。

按经济活动内容划分，市场主体包括投资者、经营者、消费者、劳动者、纳税人及缴费人等。

市场主体，以企业为基本组织形式，也有以个人身份出现的。

法律主体是通过法律方式构建出来的行为主体形态。"市场主体"这一表述体现了坚持市场决定性的导向。市场主体要满足市场要求，彰显市场特性，故其成立必须符合一定的条件，如名称、人数、出资额、机构、住所、章程。与此同时，市场主体的成立必须遵循一定的程序，不得违反法定程序。

立法建议如下：

第 80 条 [市场主体的成立]

市场主体必须符合相应的法定条件，依照法定的程序成立。

经济体制改革中的一个重要问题，即公有特别是国有企业、事业单位如何遵循经济规律要求去行政化，减少行政色彩，回归经济职场本位，成为真正的市场主体。市场主体"去行政化"不仅是政策问题，同时也是法律问题，是经济改革着重解决的难题，需要持续推进。

立法建议如下：

第 81 条［市场主体"去行政化"］

市场主体应当坚持经济化改革方向，与主管部门理顺关系，逐步取消行政级别，回归行业、职业本位。

二、各类市场主体

1. 投资者

经济建设以投资开始，具备一定的资本、财力才能发展经济。在国民经济发展过程中，投资起着极其重要的推动作用。投资指引经济发展趋向、经济发展领域，对市场主体的主观抉择起着导航功能，故市场主体中先列出投资者。投资者既可以资本投入经济实体，也包括以资本投入股票、债券、基金等有价证券。投资者分为：经营者，即身兼两职；纯粹的投资者，不直接参与经营。

立法建议如下：

第 82 条［投资者］

投资者是指以资本投入经济实体的政府、企业和个人，以及以资本投入股票、债券、基金等有价证券机构的企业和个人。

投资者既可以是经营者，也可以不直接参加经营。

2. 经营者

市场经济终究要靠市场经营，经营者为基本主体，从事商品生产经营或者提供商业性服务，如生产者、销售者、运输者、仓储者等。生产者要运用现代科技提高综合生产能力，提升经济效益。销售者要履行销售义务，保证线上与线下结合的公平销售环境。运输者要推进绿色运输、数字运输，提高运输环节的经济效率。仓储者也要推进绿色仓储、数字仓储，保障仓储质量。对经营者概念的理解还要注意：一是广义的"经营"包括商品生产经营或者提供商业性服务；二是经营者既包括企业，也包括个人；三是基于金融在现代经济中的重要地位，特别强调经营者包括金融经营者。

立法建议如下：

第 83 条 [经营者]

经营者是指从事商品生产经营或者提供商业性服务的企业和个人。经营者包括生产者、销售者以及运输者、仓储者等。

此处经营者，也包括金融经营者，但法律另有规定的除外。

3. 消费者

人人都是要生活消费的，消费者为另一类基本主体。《联合国消费者保护准则》（2015 年）规定了消费者保护的系列准则。[1] 就国内而言，《消费者权益保护法》为消费者保护提供了基本法律遵循。生活消费包括购买、使用商品，接受商业性服务。与经营者对应，消费者的概念也在不断发展中。尤其应注意以下两点：一是拓展消费者的概念。引入金融消费者，强调服务消费。二是重视数字时代的消费者研究。在数字经济下，积极考察消费者权益保护的最新状况。

立法建议如下：

第 84 条 [消费者]

消费者是指购买、使用商品或者接受商业性服务的个人及单位。
此处的消费者，也包括金融消费者，但法律另有规定的除外。

---

[1] 该准则第五部分规定了保护消费者权益的国家政策、人身安全、促进和保护消费者的经济利益、消费品和服务的安全和质量标准、基本消费品和服务的分销设施、争议解决与补救、教育和宣传方案、促进可持续消费、电子商务、金融服务、涉及具体领域的措施等具体内容。参见《联合国消费者保护准则》（2015 年）。

4. 劳动者

劳动创造世界，全社会都要尊重劳动，充分肯定劳动者的辛勤付出。市场经济活动离不开劳动，必须通过劳动来实现。劳动者也属于市场经济活动的基本主体，经济法要明确劳动者在国民经济发展中的法律定位。随着数字时代的发展，劳动者应掌握专业知识、技能，逐步提高自身综合能力，适应高科技含量的劳动需求。

立法建议如下：

第 85 条 [劳动者]

劳动者是指与企业、其他经济组织等用人单位形成劳动关系或者提供劳务的个人。

5. 纳税人及缴费人

国家财政，第一来源为税收。纳税人及缴费人多为市场主体，但财产税（房产税、契税等）征纳则不以市场经济活动为前提。

缴费事项需要进一步规范化、法治化。非税收入的缴纳涉及多种主体。例如，根据国务院的安排，原由自然资源部门征收的几项政府非税收入——国有土地使用权出让收入、矿产资源专项收入、海域使用金、无居民岛使用金——划转由税务部门征收。

立法建议如下：

第 86 条 [纳税人及缴费人]

纳税人是指依照中华人民共和国法律规定，应当在中国境内缴纳相应税款的单位和个人。

缴费人特指依法缴纳社会保险费和非税收入的单位和个人。

6. 慈善活动参与者

慈善是社会文明的体现。在国民经济发展过程中，社会人士、社会贤达积极从事公益性慈善活动，助力社会进步，值得赞赏。慈善活动参与者既包括慈善组织、捐赠人、志愿者，也包括受益人。慈善活动参与者作为第三次分配主体，体现经济法、社会法的交织。慈善活动需要被纳入《经济法典》"总则"的视野，将慈善活动参与者定位为第三次分配主体。

立法建议如下：

第87条 [公益性慈善活动参与者（第三次分配主体）]

慈善活动参与者包括：

（一）慈善组织、捐赠人、志愿者；

（二）受益人。

三、经济实体形态

1. 基本类型

现有经济实体的法律形态多样，如法人企业、合伙企业、个人独资企业、个体工商户。企业是经济实体的基本形式，法人企业尤为如是。公司分为有限责任公司、股份有限公司。个体工商户也是市场经济的重要主体，不可或缺。它们的法律地位分别由相应法律予以规定，如公司法、合伙企业法、个人独资企业法等。立足经济实体在国民经济发展中的地位，《经济法典》"总则"需要规定各类经济实体类型。

立法建议如下：

第88条 [经济实体的法律类型]

经济实体按其法律责任，分为法人企业、合伙企业、个人独资企业，以及个体工商户。

2. 具体形态

企业的概念包含公司，但不一定都采取公司制，也存在非公司制的企业法人。据此，广义企业法的概念可包含公司法。企业法、公司法呈现出民商法与经济法两个法律部门的某些交织。合伙企业、个人独资企业是传统的经济实体。个体工商户一般规模较小，但数量较大，目前有八千多万户，是数量最多的市场主体，它与个人独资企业在法律规定上是有所不同的。

立法建议如下：

第 89 条 ［传统类型经济实体（公司、合伙企业、个人独资企业及个体工商户）］

公司制企业包括有限责任公司、股份有限公司。股份有限公司符合条件的，可申报成为上市公司。

合伙企业，按其责任划分，有普通合伙和有限合伙。合伙企业不具有法人资格，但可依法以企业的名义从事经济活动。

由投资者一人，可以申请设立个人独资企业。个人独资企业依法以企业的名义从事经济活动。

个人或者家庭从事工商业经营，经依法登记，成为个体工商户。个体工商户可以依法享受经济实体待遇，但法律另有规定的除外。

国有独资企业是国家出资、资产归国家所有的企业类型。国有独资企业的组织和活动，由专门法律规定。在国企改革中，这种企业的数量将会减少，但其实力将更强。国有独资企业这一类型适用于关系国家安全的特定领域，体现更强的战略导向。国有独资公司则是国家单独出资的有限责任公司，属于国有企业。

立法建议如下：

第 90 条 ［国有独资企业］

国家出资组成的国有独资企业、国有独资公司，依法取得法人资格。

国有独资公司应当健全现代公司治理结构。

改革开放以来，农村集体经济组织蓬勃发展，助力实现乡村振兴。社会主义现代化强国必然要求农业农村实现现代化，因而进一步发展农村集体经济组织，显得任重而道远。但是，农村集体经济组织目前缺乏专门立法，法律界定不明确，对农村集体经济组织的长远发展不利。为壮大集体经济力量，必须明确界定农村集体经济组织，以规范这类集体组织的行为。

立法建议如下：

第 91 条［农村集体经济组织］

农村集体经济组织，由本村农民以本集体所有的财产组成，依法取得法人资格。法律、行政法规另有规定的，依照其规定。

合作社并非无足轻重。相反，合作社正在发挥着不可替代的功能和作用。国际社会非常重视合作社建设，国际合作社联盟（ICA）覆盖国民经济各个领域：农业，渔业，工业、手工艺和服务，银行业，保险，零售，住房，卫生保健，等等。[1]城镇、农村传统的合作经济组织也应由专门立法规定，如合作社法。经济实体中的新型类别之一，即农民专业合作社，单行法中已做了规定，《经济法典》中可概括规定。

立法建议如下：

第 92 条［城镇、农村的合作经济组织］

城镇、农村的合作经济组织，由城镇居民、农村成员以本集体所有、个人所有的财产参股组成，依法取得法人资格。

在农村承包基础上，农产品的生产经营者或者农业生产经营服务的提供者、利用者，可以自愿联合组成农民专业合作社。这种互助性经济组织，依法取得法人资格。

前面考察经济实体作为一个整体出现的状态，现在进入该经济实体自身构造进行考察。"内"与"外"对应，"分"与"总"对应。经济实体内部机构、分支机构是两个不同的概念，需要在行为名义、责任承担等方面加以区分，从中进一步明确各自的主体定位，更好地推动经济实体发展。

立法建议如下：

第 93 条［经济实体的内部机构、分支机构］

经济实体的内部机构，指负责某些职能的部门。该种内部机构一般不以

---

[1] 国际合作社联盟业务领域参见 ICA 官方网站主页相关介绍，载 https://www.ica.coop/en，访问日期：2021 年 6 月 30 日。

自己的名义对外从事经济活动。

经济实体的分支机构，指下设的经营单位。该类分支机构以自己的名义从事经济活动，所产生的经济责任由该经济实体承担；法律另有规定的，依照其规定。

第二节　基本主体之二：国家经济管理主体

一、国家经济管理主体定位及与行政主体的关联和区别

广义的"国家经济管理主体"包括人大系统和政府系统，后者即狭义的"国家经济管理主体"。提到"国家经济管理主体"，我们必然会联想到"行政法主体"一词。行政法上的主体，一指行政机关，二指行政相对人。行政法学上的平衡论，对过去强调不平等关系、命令服从式的传统行政法掀起了一次革命。而经济法中的"国家经济管理主体"，一方面是在事实上承接行政机关，另一方面是按照地位在法律上建立相应主体。行政机关是公法意义上的概念，国家经济管理主体则不局限于公法范畴。了解"国家经济管理主体"与"行政机关"的关联与区别是必要的。

立法建议如下：

第 94 条［国家经济管理主体的定义］

本法所称国家经济管理主体，是指从事国民经济管理和服务活动，成为社会主义经济法律关系的基本参加者。

国家经济管理主体，包括人大系统（权力机构）和政府系统（行政机构）。

政府主体，按管理层次划分，有中央政府和地方政府，地方政府又分为若干层次；按管理领域划分，有综合性机构和专门性机构。

国家经济管理主体不仅显示专业性，更显示公共性，故其设立必须依照规定符合相关要求，如名称、机构、地址、人员、职权职责等。其中，相关名称必须规范，明晰层级、行业；机构设置要与自身职能相匹配，合理分

工；地址选择要考虑自身定位，便于履行职能；人员安排得当，重视专业人才；职权职责明确，各尽其职、各尽其责。这类主体的设立需要依照法定的程序，不得随意增设。

立法建议如下：

第 95 条 [国家经济管理主体的设立]

国家经济管理主体必须符合相应的法定条件，依照法定的程序设立。

人民的政府是为人民服务的。因而，我们要建设"服务型政府"，而非"管控型政府"，这就体现出了改革的方向。经济法不应强调政企两类主体之间的"不平等关系"，不能陷入"一个主体只是管理、另一个主体只是服从"的旧模式。由此亦可看出，建设服务型政府是时代走向，经济法突破了传统法律思维，《经济法典》"总则"也应积极吸纳全新思维。

立法建议如下：

第 96 条 [国家经济管理主体同时也是服务主体]

按照优化、协同、高效、节约的要求，合理设置政府经济管理机构。所有管理主体都应当成为服务型主体，以适宜的营商环境为市场主体发展提供服务。监管中有服务，服务中有监管。

二、中央经济管理主体

1. 全国人民代表大会及其常务委员会

全国人民代表大会及其常务委员会是国民经济建设的决策者，是国家经济管理主体，要创新其作为国家经济管理主体的角色。全国人民代表大会及其常务委员会不仅仅是中央立法机关，同时也是国民经济发展的重要管理主体。在遵循宪法的基础上，全国人民代表大会及其常务委员会在国家经济管理 [如国民经济和社会发展规划（计划）、国家预算] 中要发挥更重要的作用，这应在《经济法典》"总则"中加以体现。

立法建议如下：

第 97 条 [全国人民代表大会及其常务委员会作为国家经济管理主体]

全国人民代表大会及其常务委员会，依照宪法规定，成为国民经济和社会发展规划（计划）、国家预算的决策主体。

2. 中央政府

中央政府即国务院，是最高国家行政机关，是国民经济建设的领导者、组织者和管理者。坚持"全国一盘棋"，国务院把握国民经济发展规律，依法统筹推进国民经济总体运行，领导、组织和管理国家经济工作、经济事务，这对推动国民经济高质量发展至关重要。从国民经济发展的角度看，国务院要加强对国民经济的领导、组织和管理。

立法建议如下：

第 98 条 [中央政府]

国务院即中央政府，依照宪法规定，成为国民经济建设的领导、组织和管理主体。

3. 中央政府下属经济管理机构

国务院有关经济管理机构包括相关组成部门以及直属特设机构、直属机构、直属事业单位，按照职权划分成为国民经济建设的组织者、管理者。国家持续进行行政机构改革，不断优化国务院机构设置及其职责分工。在国务院的领导下，各类经济管理机构合理分工、相互配合，协同推进国民经济的高质量发展。

立法建议如下：

第 99 条 [中央政府下属经济管理机构]

国务院设置的相关组成部门以及直属特设机构、直属机构、直属事业单位，依照法律规定和国务院分工，成为国民经济建设的组织、管理主体。

国务院设置的经济事务或与经济事务密切相关的管理机构有：国家发展和改革机构、财政机构、中央银行、科学技术机构、工业和信息化机构、人力资源和社会保障机构、自然资源机构、生态环境机构、住房和城乡建设机构、交通运输机构、水利机构、农业农村机构、商务机构、文化和旅游机构、应急管理机构、民政机构、审计机构等。

除了上述组成部门，经济事务方面或与经济事务直接相关的其他管理机构还有：国家国有资产监督管理机构、国家市场监督管理机构、国家税务机构、国家外汇管理机构、中国银行保险证券监督管理机构、国家能源管理机构、国家电力监督管理机构、国家煤炭安全监察机构、国家粮食和物资储备机构、国家林业和草原机构、国家知识产权机构、国家国际发展合作机构、国家统计机构等。

从实际出发，国家将持续优化国务院机构设置及其职责分工。

三、地方经济管理主体

1. 地方人民代表大会及其常务委员会

地方人民代表大会及其常务委员会是本地区经济建设的决策者，是地方经济管理主体，要创新其作为地方经济管理主体的角色。地方人民代表大会及其常务委员会不仅仅是地方立法机关，同时也是本地区经济发展的重要管理主体。在遵循宪法的基础上，地方人民代表大会及其常务委员会在本地区经济管理［如发展规划（计划）、地方预算］中要发挥更重要的作用，这应在《经济法典》"总则"中加以体现。

立法建议如下：

第 100 条［地方人民代表大会及其常务委员会作为地方经济管理主体］

地方人民代表大会及其常务委员会，依照宪法规定，成为本地区发展规划（计划）、预算的决策主体。

2. 地方政府

作为地方国家行政机关，地方政府是本地区经济建设的领导者、组织者和管理者。地方政府依法领导、组织和管理本地区经济工作、经济事务，这在地方经济高质量发展中至关重要。从服务于本地区经济发展的角度看，地方政府要加强对本地区经济建设的领导、组织和管理。

立法建议如下：

第 101 条 ［地方政府］

地方政府，依照宪法规定，成为本地区经济建设的领导、组织和管理主体。

3. 地方政府下属经济管理机构

对地方经济管理机构设置，既要坚持统一性，又要体现灵活性。这里要注意两种情况：一是允许地方根据本地实际，着眼本地长期发展，设置必要机构和配置相应职能，更好地为本地经济发展服务；二是基层机构简约化，集中精力搞好经济建设，助力民生福祉。

立法建议如下：

第 102 条 ［地方政府下属经济管理机构］

地方政府机构设置，应当保证有效实施国家统一领导。对法制统一、政令统一、市场统一的机构职能，与上级设置基本对应；县以下基层机构设置可以简约。

允许地方根据本地区经济社会发展实际，在规定限额内因地制宜，设置必要机构和配置相应职能。各类经济技术开发区，可由地方政府设立派出机构或者单设政府序列机构负责管理。

四、综合性和专门性经济事项管理主体

1. 综合性宏观治理机构

国家发展和改革机构是国务院下设的综合性宏观经济治理机构。尽管经济法律关注到了国家发展和改革机构，也考量了综合性宏观治理的机构设置需求，但目前我国国家发展和改革机构组织实施经济法律的作用发挥得还不够。应当说，在专门经济事项管理主体之中，国家发展和改革机构着力于发展战略，从规划层面推进宏观经济治理，在国民经济高质量发展中应担负更为重要的宏观治理职责。

立法建议如下：

第 103 条 [国家发展和改革机构]

国家发展和改革机构是在国务院领导下，从发展战略、规划方面负责宏观经济治理的综合性管理机构。

财政机构是国务院下设的又一综合性宏观经济治理机构。在国务院的领导下，财政机构运用预算手段加强宏观经济治理，设置预算、税政、国库管理、关税等内部机构，支持国民经济各个领域的持续发展。我国制定了《预算法》等财政法律，但缺乏财政基本法。《经济法典》"总则"必须应对这一问题，将其纳入。

立法建议如下：

第 104 条 [财政机构]

财政机构是在国务院的领导下，运用预算等财政政策负责宏观经济治理的综合性管理机构。

财政、金融是宏观经济治理的基础性手段。中国人民银行即中央银行。中国人民银行是国务院下设的又一综合性宏观经济治理机构，运用货币手段加强宏观经济治理，开展一定金融业务。宏观经济治理是中央银行的基本职能，从事一定金融业务是中央银行兼具的职能。中国人民银行的发展面临很多新风险、新挑战，如系统性金融风险、交叉金融风险，因而我国对中国人民银行的定位需要与时俱进。

立法建议如下：

第 105 条 [中央银行]

中国人民银行即中央银行是在国务院领导下，运用货币政策负责宏观经济治理并开展一定金融业务的综合性管理机构。

国务院反垄断委员会是国务院直属的反垄断管理机构，负责国家反垄断工作的指导、组织、协调。随着国内外垄断问题、垄断案件的日益增多，反垄断工作需要得到进一步的重视。国务院反垄断委员会要指导、促进各级市场监督管理机构加强反垄断工作，要与其他国家的类似机构加强国际合作。

立法建议如下：

第 106 条 [国务院反垄断委员会]

国务院反垄断委员会是国务院直属的，负责国家反垄断工作的指导、组织、协调的机构。其办事机构设于国家市场监督管理机构之内。

进出口关税征收有助于调节进出口结构，加强进出口监管，维护进出口秩序。国务院关税税则委员会是国务院组织的进出口税则工作机构，基于其特殊地位，《经济法典》"总则"应进行专门规定。

立法建议如下：

第 107 条 [国务院关税税则委员会]

国务院关税税则委员会是国务院组织的，负责国家进出口税则工作的机构。其办事机构设于国家财政机构之内。

2. 经济交叉管理机构

经济交叉管理机构在经济管理机构设置中属于特例，处理单一机构难以胜任的事务。为提高经济治理效率，机构设置应当最大限度地减少职能交叉、多重管理，规范相应的管理体制。一是垂直管理，针对属于中央事权、由中央负责的事项。二是双重管理，针对属于中央和地方协同管理、需要中央和地方共同负责的事项。三是分级管理，针对属于中央和地方协同管理、需要地方负责的事项。

立法建议如下：

第 108 条 [经济职能交叉、多重管理机构]

国家规范经济领域的垂直管理、双重管理体制和地方分级管理体制。

属于中央事权、由中央负责的事项，中央设立垂直机构管理，并健全地方协作配合机制；属于中央和地方协同管理、需要中央和地方共同负责的事项，实行双重管理，以中央管理为主；属于中央和地方协同管理、需要地方负责的事项，实行地方分级管理，中央加强指导、协调和监督。

按照业务性质，少数经济领域可由两个或多个机构分工协作管理。

3. 经济应急管理机构

经济应急管理机构也是经济管理机构设置之特例，处理防灾、救灾事务及其他突发事件。在国民经济发展过程中，各类新情况、新问题不断涌现，应急管理的重要性被提升到了前所未有的高度，经济应急管理机构在经济管理中的地位将日益重要。为防范和化解各类经济风险，我国应健全经济应急管理机构，完善经济应急管理职能，覆盖前期预警、当期应对、后期处置的全过程。经济应急涉及的问题很多，不是某一具体机构能够独力解决的，经济应急管理机构需要强化与相关部门和地方政府的合作，建立健全沟通协作机制。

立法建议如下：

第 109 条 ［经济应急管理机构］

国务院和地方各级政府组织应急管理机构，处理防灾、救灾事务及其他突发事件。

国家应急管理机构，必须明确与相关部门和地方各自的职责分工，建立协调配合机制。

4. 经济执法机构

政府及其下属部门对经济活动可直接进行执法。政府现已组建市场监管、生态环境保护、文化市场、交通运输、农业等领域的综合执法队伍。经济执法有以下特征：一是综合化，即组成综合执法机构体系；二是集中化，即相对集中行政执法权限；三是扁平化，即减少执法层级，提高执法效能。

立法建议如下：

第 110 条 ［经济执法机构］

国务院和地方各级政府整合经济事务方面的行政执法力量，组成综合执法机构体系，相对集中行政执法，减少执法层级。

5. 非政府序列公共事务组织

非政府序列公共事务组织是政府机构改革的产物。该类公共事务组织不具备政府性质，不被列在政府序列之中，而由法律、法规授权或者依法接受委托，在国民经济发展中从事特定的经济管理活动。因而，我国需要对非政府序列公共事务组织进行特别考量。

立法建议如下：

第 111 条 [非政府序列公共事务组织]

法律、法规授权的或者依法接受委托的具有管理公共事务职能的非政府序列组织，从事国民经济运行中特定的专业性管理服务，成为国家经济管理主体。

第三节　相关主体：介于基本主体之间、与经济活动相关的社会力量主体

一、社会组织

1. 行业性社会组织

行业性社会组织是政府机构改革的产物，不属行政性质，在政府与市场主体之间发挥行业内的沟通协调功能。行业性社会组织很多，如商会（协会）类、城乡社区服务类等。其中，商会（协会）类社会组织要协调特定行业的经济活动，而城乡社区服务类社会组织则立足社区公共服务。对于行业性社会组织，国家既要充分引导、扶持，也要依法管理。

立法建议如下：

第 112 条 [行业性社会组织]

国家支持发展商会（协会）类、公益慈善类、城乡社区服务类等行业性社会组织。这类组织，符合条件的，可依法提出申请，登记成立。

2. 市场中介机构

市场中介机构是经济体制改革的产物。中介机构既不是纯粹的市场主体，也不属行政性质。在会计、审计、律师服务、检验认证、信息咨询、资产资信评估、公证、物业、金融等领域都可设置市场中介机构。这些中介机构，有的是对应特定的经济行业、经济领域，有的则是普适性地服务于国民经济各个领域。

立法建议如下：

第 113 条 ［市场中介机构］

国家支持发展会计师事务所、审计师事务所、律师事务所、计量和质量检验认证机构、信息咨询机构、资产和资信评估机构、公证机构，以及物业管理服务机构等。这类机构，符合条件的，可依法提出申请，登记成立。

证券、期货等交易所，依照相关法律规定设立。

二、事业单位

事业单位（包括高等院校、科研院所）中提供经济性专业服务的机构是经济体制改革的产物。事业单位可以履行政府机构难以履行、不方便履行的特定经济职能。此类专业服务机构不是纯粹的市场主体，也不具备行政性质。高等院校、科研院所的特定机构在提供经济性专业服务的过程中要处理好商业性与公益性的关系，防止背离事业单位的本身使命。

立法建议如下：

第 114 条 ［事业单位中提供经济性专业服务的机构］

事业单位中提供经济性专业服务的机构，可以比照市场中介机构，登记成为特殊的经济管理服务主体。

第四章
经济法权利

引 语

一、本章的缘起

1. 本章的设立目的

设立本章的初衷在于，国民经济运行中各种角色（组织、个人）行使什么样的权利（公权力、私权利）？

权利指法律赋予或者认可行为主体实现其利益的力量，广义说包括私权利和公权力。在某种意义上甚至可以说，法律即权利。经济法的权利与民法（私法代表）、行政法（公法代表）的权利有一定的关联性，但更多地显示出独特性。因为，经济法的权利，既有私权利，又有公权力，完整地体现了《立法法》第6条的精神，即"科学合理地规定公民、法人和其他组织的权利与义务、国家机关的权力与责任"。在民法中只是"权利与义务"，而行政法则侧重"权力与责任"。这里可引用芮沐教授的一个重要观点："公法与私法同时处理。"[1]《经济法典》"总则"应当塑造支撑经济法大厦的权利架构，兼顾两类权利——公权力和私权利，分为两个层次——基本权利和具体权利。这种权利建构有别于民法，也有别于行政法。经济法权利所呈现出的特色超出了传统法律部门，这也是它发挥作用的优势所在。

2. 本章的条文依据

《宪法》第一章"总纲"第4条、第8条、第11条、第18条、第32条等规定了权利问题，第二章"公民的基本权利和义务"是专门关于公民基本权利的规定，第三章"国家机构"第89条、第139条等也有关于权利问题

---

〔1〕 参见程信和："经济法之原创性——芮沐先生经济法学术思想心得"，载《北京大学学报（哲学社会科学版）》2008年第4期，第144页。

的规定。《宪法》第 3 条、第 62 条、第 66 条、第 67 条、第 72 条、第 82 条、第 83 条、第 89 条、第 115 条、第 124 条等规定了职权问题。

许多单行经济法律、法规均设定了"市场主体权益",为《经济法典》"总则"提供了素材和经验。例如,《消费者权益保护法》规定了"消费者的权利""消费者合法权益",《反垄断法》规定了"消费者利益和社会公共利益",《反不正当竞争法》规定了"经营者和消费者的合法权益",《价格法》规定了"消费者和经营者的合法权益",《产品质量法》规定了"消费者的合法权益",《电子商务法》规定了"电子商务各方主体的合法权益",《农业法》规定了"农民权益",等等。可见,"权益"一词用得较多。

许多单行经济法律、法规还设定了"国家经济管理主体管理职权",为《经济法典》"总则"提供了素材和经验。例如,《预算法》规定了"预算管理职权",《银行业监督管理法》规定了"监督管理职责",《审计法》规定了"审计机关职责""审计机关权限",等等。可见,"管理职权"这一表述更符合宪法及宪法相关法规定的"职权""行政职权"的意思。

二、本章的要点

1. 通有权利(基本权利)

在国民经济运行中,以经济发展权为核心,经济发展权、经济分配权、经济安全权三位一体。在经济法基本权利范畴之中,经济发展权是标识性概念、核心范畴,指引经济法作为"国民经济发展法"的愿景。

2. 两类基本主体的各自权利(具体权利)

经济法基本权利有着逻辑关联,引领市场运行、宏观经济治理、供求循环、收入分配、经济安全保障等制度中的各种具体权利。其中,适用于市场主体的权利,有投资权、经营权、消费权、劳动权、纳税人权利等;适用于国家经济管理主体的权利(权力和权利),有中央宏观经济管理权、地方经济管理权、专门经济事项管理权等(见图 4-1)。

经济法权利
- 基本权利
  - 经济发展权
    - 经济资源的配置
    - 经济手段的使用
    - 经济成果的获得
  - 经济分配权
    - 经济收入的支付
    - 经济财富的调节
    - 经济公益的补充
  - 经济安全权
    - 经济底线的坚守
    - 经济秩序的维护
    - 经济风险的应对
- 具体权利
  - 市场主体的权利（权益）
    - 投资权
    - 经营权
    - 消费权
    - 劳动权
    - 纳税人及缴费人权利
  - 国家经济管理主体的权利（权力和权利）
    - 中央经济管理权
    - 地方经济管理权
    - 综合性和专门性经济事项管理权
  - 社会力量主体的权利（准权力和权利）
    - 社会组织经济管理权
    - 事业单位经济管理权

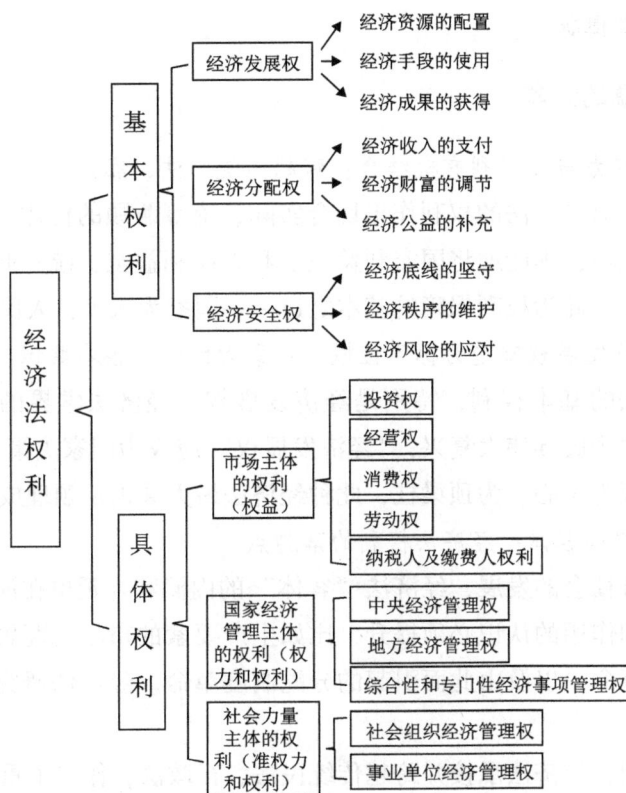

图4-1　经济法权利类型化构造图

3. 权利客体

经济法权利客体大致可被分为三类，包括要素（财产）类客体、环境类客体、行为类客体。

4. 本章为何没有专设"经济法义务"

提到"经济法权利"，我们必然会联想到"经济法义务"一词。权利规范一般表示经济法主体能够得到什么，可以做些什么。义务规范一般表示经济法主体应当怎么做，不能怎么做。权利、义务紧密相关，也正因为此，立法时可能发生重合。这里有必要借鉴《民法典》的经验。《民法典》"总则"第五章为"民事权利"，第六章为"民事法律行为"，没有单设"民事义务"一章。以权利为依据，实施具体行为，即履行具体义务；以行为或者义务为路径，实现权利目标——《经济法典》"总则"依循的正是这样一种逻辑脉络。

三、本章的升华

1. 将公权力与私权利有机结合：跨越传统公法、私法

本章力求对经济法的权利作出切合实际、统筹兼顾的构建。社会主义经济法的权利范畴，本能地将国家利益至上和人民利益至上统一起来。中国市场经济的成功，此为权利保障的基本之道——国家为人民，人民为国家。

2. 将经济发展权塑造为标识性概念：最大创新，根本共识

对经济法的基本权利，特别是经济发展权，经济法学界的认识逐步升华。为实现中华民族伟大复兴，"经济发展权"应成为国家决策、顶层设计。以经济发展权为核心、为顶梁柱，此种经济法最大共识是顺理成章的。

3. 揭示权利客体：经济法权利的落脚点

随着经济社会的发展，经济法"客体"的内涵和外延也在演变之中。对客体的地位和作用的认识必须提升，比如生产要素的市场化配置对国民经济运行制度的革命，以及由此而引起的分配制度革命。经济法研究中的这一短板必须补上。

以上表明，经济法承接并跨越传统民法、行政法，作出了重大创新。

第一节 经济权利（权力）

一、市场主体权益界定及与民事权益的关联和区别

1. 市场主体的经济权利（权益）

市场主体的权利是指私法意义上的权利，即可以得到什么、可以做些什么。市场主体的经济权利（权益）包括：平等参与，即平等参与市场经济活动；平等发展，即在市场经济中得到平等发展机会、空间；平等受益，即基于营利目标，从市场经济活动中平等获益。与市场主体的法律身份相对应，经济法上的"市场主体权益"一方面是在事实上承接民事权益，另一方面是按照功能在法律上构建相应经济权益。民事权益是私法意义上的，经济权益则超出了私法范畴。了解"市场主体经济权益"与"民事主体民事权益"

的关联和区别是必要的。

立法建议如下：

第 115 条 [市场主体的经济权利（权益）]

自然人、法人和其他组织作为市场主体，享有法律上规定的平等参与、平等发展、平等受益等经济权利（权益）。

2. 市场主体的经济义务

市场主体的义务是指私法意义上的义务，即应当怎么做，不应当怎么做。市场主体的经济义务包括：提供优质的产品和服务，获得市场认可；依法经营，整个经营过程符合制度规范；公平交易，诚信待人；公平竞争，构建良好的竞争秩序；公平合作，实现个体利益最大化。民事义务是私法性质的，经济义务则超出了私法范畴。

立法建议如下：

第 116 条 [市场主体的经济义务]

自然人、法人和其他组织作为市场主体，为社会提供产品和服务，承担依法经营、公平交易、公平竞争、公平合作的义务。

市场主体负有依法接受政府及有关机构监督管理的义务。

市场主体负有依法履行社会责任的义务。

二、国家经济管理主体权利（权力）界定及与行政主体权利（权力）的关联和区别

1. 国家经济管理主体的经济权力和责任

国家经济管理主体的权力和责任是公法意义上的，即享有什么职权，行使什么职责。此处的经济权力和责任主要包括领导权、组织权、管理权。相关经济权力、责任要全面纳入法治轨道，依法公开接受监督。与国家经济管理主体的法律身份相对应，经济法上的"国家经济管理权"一方面是在事实上承接行政管理权，另一方面是按照功能在法律上构建相应的经济管理权。行政管理权是公法意义上的，国家经济管理权则不局限于公法范畴。了解

"国家经济管理权"与"行政管理权"的关联和区别是必要的。

立法建议如下：

第117条 [国家经济管理主体的经济权力和责任]

国家（政府）作为管理主体，承担领导、组织和管理国民经济活动的权力和相应的责任。

2. 国家经济管理主体以市场主体身份出现时的经济权利和义务

国家经济管理主体以市场主体身份出现时，权利和义务仍是私法意义上的，如参与投资等经济建设。需要配套解决的一个问题是，在立法上如何界定"公法人"。事实上，即为如何区分国有资产出资者、一般市场参与者、社会公共管理者不同身份的问题。国家出资要贯彻国家经济战略，引领经济公共利益，对经济安全具有重要意义。

立法建议如下：

第118条 [国家经济管理主体以市场主体身份出现时的经济权利和义务]

必须区分国家机构作为国有资产出资者、一般市场参与者、社会公共管理者的不同法律身份和职能。

国家机构按照发展战略和产业政策，以市场主体名义参与投资等经济建设时，享有市场主体的经济权利，承担市场主体的经济义务。

政府采购以公开招标为主要方式，签订、执行政府采购合同。

第二节　各类主体通有的基本权利

一、经济发展权

1. 经济发展权的定义

发展权从国际到国内，从政策概念到法律概念，涵括多样。中国作为发展权的倡导者、践行者和推动者，立场鲜明、行动有力、效果显著。中国式精准脱贫，即为世界瞩目的成功范例。

发展权涵盖经济、政治、文化、社会和生态环境等各方面。其中，以经济发展权为基础。《中共中央关于完善社会主义市场经济体制若干问题的决定》（2003 年）首次提出："保障所有市场主体的平等法律地位和发展权利。"此段政治宣言，后被写入《物权法》（2007 年）。但是，"经济发展权"并不属于物权法范畴，应由作为"国民经济发展法"的经济法予以规定。

2013 年，中国向联合国人权理事会提交的《国家人权报告》称："中国政府把实现人民的生存权和发展权放在首位。""生存权的基本解决和生活水平的不断提高，为人民全面享有发展权，实现人的全面发展奠定基础。"该报告还指出："进一步保障少数民族的经济发展权利。""中国积极与其他发展中国家分享在减少贫困、发展教育和卫生、促进经济发展、治国理政等方面的经验和做法，帮助受援国增强自主发展能力，促进受援国经济发展和社会进步，更好实现发展权。"2016 年 12 月，国务院新闻办公室发布白皮书《发展权：中国的理念、实践与贡献》，纪念《联合国发展权利宣言》通过30 周年，展现了中国"发展权"的倡导者、践行者和推动者的鲜明形象。

程信和教授提出："经济发展权、经济分配权、经济安全权，可以成为经济法的基本权利范畴；并且，它们之间应当形成以发展权为核心的三位一体的联系。这样，有助于确立作为新兴法律部门的经济法的现实基础，也有助于建立作为新兴法学学科的经济法学的理论基础。"[1]

张守文教授主张："经济发展权是经济法主体享有的一类重要的综合性权利，其实现要以经济法主体各类基本权力和权利为基础，因而其位阶更高。"[2]"位阶"二字意味着经济法权利是分层次的。

现在，人们看得越来越清楚：国家经济发展权是中国经济法的底线；经济发展权，这一标识性概念应当成为经济法的核心范畴。经济发展权是所有经济法主体的核心权利；它与经济分配权、经济安全权三位一体，构成经济法基本权利体系。

立法建议如下：

---

[1] 程信和："经济法基本权利范畴"，载《甘肃社会科学》2006 年第 1 期，第 139 页。

[2] 张守文："经济发展权的经济法思考"，载《现代法学》2012 年第 2 期，第 4 页。

第 119 条［经济发展权］

本法所称经济发展权，是指国家、企业和个人参与、从事经济建设，并能够享受这些发展所带来的经济利益的权利。

2. 经济发展权的内容

中文里的"权能"，指权利（权力）和职能。着眼于国民经济发展，对经济发展权权能进行类型化，有助于明晰经济发展权的含义。笔者认为，经济发展权包括：优化国民经济资源的配置，通过资源整合促进经济发展；革新国民经济手段的使用，通过手段把握推动经济发展；落实国民经济成果的获得，通过成果积累体现经济发展。经济发展权的内容包括但不限于以上三项，随着国民经济发展状况的昌荣，未来必将因应拓新。经济发展权本身就是一个恢宏命题，值得做深研究、写大文章。

立法建议如下：

第 120 条［经济发展权的内容］

经济发展权的内容包括：

（一）经济资源的配置；

（二）经济手段的使用；

（三）经济成果的获得。

环境权与发展权一样，是新兴的第三代人权权利。国民经济发展与生态环境保护是协同并进的，不能为了国民经济发展而牺牲生态环境保护。经济发展权必须是在生态环境保护的基础上实现的，与环境权的发展目标本质上一致，体现了经济法与环境法对发展模式的契合。权利组合对经济发展权、环境权的发展均有裨益，为经济发展权提供环境保障，为环境权提供经济支撑。

21 世纪初，由中外专家组成的国际人权法教程项目组提出了一个教学活动建议："讨论发展权和环境权的关系。"[1]这是时代性的法治命题，处于当代法学的前沿位置。经济发展权与环境权的关系，即定位及组合，在制定《经济法典》"总则"时应该考虑进去。其中，"定位"是指在法律上确定它们的地位和功能；"组合"是指在实践中综合发挥它们的作用。

立法建议如下：

第 121 条［经济发展权与环境权的组合］

实现经济发展权与环境权的组合，处理好国民经济发展与生态环境保护的关系，使它们互相促进。发展经济不能以牺牲环境为代价。

二、经济分配权

1. 经济分配权的定义

经济分配权既是对经济发展权的实现，又是对经济发展权的促进。

"分配权"一词多次见于建设文件、改革文件与法律文件。

早在探索社会主义建设的过程中，毛泽东同志便对农村人民公社的生产权、分配权问题发表过重要意见。他指出："农民说，六十条就是缺了这一条。这一条是什么呢？就是生产权在小队、分配权却在大队"，"我的意见是'三级所有、队为基础'，即基本核算单位是队而不是大队"。[2]这里所称"生产权"实质上就是"发展权"。可见，早在这一时期，我国便产生了发展权与分配权的初步思维，这是劳动群众实践经验的反映。《全民所有制工业企业转换经营机制条例》（1992 年）提出了"工资、奖金分配权"。《关于制定国民经济和社会发展第十三个五年规划的建议》（2015 年）提出了"集体收益分配权"。

杨紫烜教授归纳，经济法是调整特定经济关系（即物质利益关系）的，其目的在于为各类经济法主体之间物质利益的分配提供法律保障。从这个意

---

[1] 国际人权法教程项目组编写：《国际人权法教程》（第 1 卷），中国政法大学出版社 2002 年版，第 473 页。

[2] 毛泽东："给中央常委的信"（1961 年 9 月 29 日），载《毛泽东文集》（第 8 卷），人民出版社 1999 年版，第 284 页。

义上来说，经济法实质上就是分配法。[1]

孟庆渝教授提出，分配权是指包括国家、企业和个人等在内的特定主体按照一定的原则、制度和方法对可供分配的财产和利益在不同社会主体之间进行划分和配给的权力和权利的总和。在这里，分配权不是作为一个法律条文中的规范用语来界定的，而是一个被选定用以指代反映在分配法律中的全部利益，进而通过它的科学解构和合理配置来调整分配关系的法学范畴，是抽象思维的产物，它需要通过一系列拥有实在内容的具体法律权力或权利来得到支撑和体现。[2]

笔者认为，经济发展权要与分配权联系起来，发展决定分配，通过现实分配推进发展。

立法建议如下：

第 122 条 [经济分配权]

本法所称经济分配权，是指国家、企业和个人实际享受由社会收入增长带来的经济利益的权利。

2. 经济分配权的内容

着眼于国民经济分配，对经济分配权权能进行类型化，有助于明晰经济分配权的含义。笔者认为，经济分配权包括：保障国民经济收入的支付，使收入保证能够添益经济分配；加强国民经济财富的调节，使财富增扩能够优化经济分配；引入国民经济公益的补充，以公益倚借助力经济分配。经济分配权的内容包括但不限于以上三项，随着国民经济分配格局的改进，未来必将因应拓新。

立法建议如下：

---

[1] 杨紫烜：《国家协调论》，北京大学出版社 2009 年版，第 92 页。

[2] 孟庆瑜：《分配关系的法律调整——基于经济法的研究视野》，法律出版社 2005 年版，第 100 页。

第 123 条 [经济分配权的内容]

经济分配权的内容中，包括：

（一）经济收入的支付；

（二）经济财富的调节；

（三）经济公益的补充。

三、经济安全权

1. 经济安全权的定义

经济安全权既是经济发展权的前提，也是经济发展权的目标。

国家已有关于安全法、安全权利的一系列规定。标题为"安全法"的有：《国家安全法》《食品安全法》《农产品质量安全法》《特种设备安全法》《安全生产法》《道路交通安全法》《海上交通安全法》《矿山安全法》《核安全法》《网络安全法》《数据安全法》等等。

张士元教授主张，经济安全法是"一国为防御其经济风险而制定的各种法律规范的总称"，由此可建立"经济安全法学"。[1]

陈乃新教授提出，经济安全权是指"人们对经济安全所平等享有的权利"，其可被分为"经济整体安全权"和"经济持续安全权"。[2]

笔者认为，经济发展权要与安全权联系起来，发展需要安全，发展在安全中实现。

立法建议如下：

第 124 条 [经济安全权]

本法所称经济安全权，是指国家、企业和个人维护整个社会的经济秩序稳定、控制危险，以及维护公私财产安全的权利。

---

〔1〕 张士元、刘诚："经济安全：经济法的重要使命"，载《经济法制论坛》2004 年第 1 期，第 58 页。

〔2〕 陈乃新："经济法的重要范畴：剩余权与经济安全权"，载《法商研究》1998 年第 6 期，第 16 页。

2. 经济安全权的内容

着眼于国民经济安全，对经济安全权权能进行类型化，有助于明晰经济安全权的含义。笔者认为，经济安全权包括：坚守国民经济底线，巩固经济安全；加强对国民经济秩序的维护，提升经济安全；重视对国民经济风险的应对，掌度经济安全。经济安全权的内容包括但不限于以上三项，随着国民经济安全要求的变化，未来必将因应拓新。

立法建议如下：

第 125 条 [经济安全权的内容]

经济安全权的内容包括：
（一）经济底线的坚守；
（二）经济秩序的维护；
（三）经济风险的应对。

四、基本权利之间的关系及对具体权利的引领

1. 三项基本权利之间的关系

以经济发展权为核心，突出经济发展权的地位，三项基本权利组成经济法中第一层次的权利链。李昌麒教授赞同"把经济法的全部作用归纳为发展、分配和安全的理论"，认为这就"抓住了经济法赖以存在的基础和发展的目标"。[1] "经济法三权"的提出，丰富和完善了经济法基本权利范畴，后续应当更为深入地研讨论证三项基本权利之间的关系，思考三项权利如何相互促进和协同实现。

立法建议如下：

第 126 条 [三项基本权利之间的关系]

在国民经济运行中，以经济发展权为核心，经济发展权、经济分配权、经济安全权三项基本权利组成一体，相互促进和协同实现。

---

〔1〕 李昌麒："发展与创新：经济法的方法、路径与视域（上）——简评我国中青年学者对经济法理论的贡献"，载《山西大学学报（哲学社会科学版）》2003 年第 3 期，第 27~40 页。

在此，笔者尝试梳理"发展""分配""安全"在现行经济法律中出现的次数（见表4-1），从中进一步考察经济发展权、经济分配权、经济安全权的实际体现。

表4-1　现行经济法律"发展""分配""安全"规定次数梳理表

经济法律名称	发 展	分 配	安 全
1. 价格法	5		
2. 产品质量法	1		14
3. 计量法	1		1
4. 标准化法	4		10
5. 资产评估法	3		
6. 广告法	2		11
7. 电子商务法	14		18
8. 烟草专卖法			
9. 反垄断法	2		3
10. 反不正当竞争法	1		
11. 企业国有资产法	4	3	3
12. 中小企业促进法	33		2
13. 乡镇企业法	20		6
14. 消费者权益保护法	1		14
15. 城乡规划法	23		2
16. 统计法	3		1
17. 电力法	16		24
18. 煤炭法	11		30
19. 石油天然气管道保护法	7		49
20. 铁路法	7		11
21. 公路法	7		18
22. 航道法	13		22

续表

经济法律名称	发展	分配	安全
23. 港口法	7		32
24. 民用航空法	5	1	44
25. 邮政法	4		17
26. 旅游法	21		38
27. 电影产业促进法	17	1	4
28. 城市房地产管理法	3		
29. 建筑法	2		42
30. 科学技术进步法	28	2	4
31. 促进科技成果转化法	12	3	4
32. 科学技术普及法	6		
33. 循环经济促进法	52		3
34. 清洁生产促进法	5		
35. 就业促进法	15		2
36. 预算法	8		2
37. 政府采购法	2		1
38. 会计法		1	
39. 注册会计师法	1		
40. 企业所得税法	3	2	1
41. 个人所得税法		2	
42. 烟叶税法			
43. 全国人民代表大会常务委员会关于外商投资企业和外国企业适用增值税、消费税、营业税等税收暂行条例的决定	1		
44. 资源税法	3		1
45. 耕地占用税法	3		
46. 车船税法			

续表

经济法律名称	发 展	分 配	安 全
47. 车辆购置税法	1		
48. 船舶吨税法			
49. 契税法	1		
50. 印花税法	2		
51. 环境保护税法	1		
52. 城市维护建设税法	1		
53. 税收征收管理法	1		
54. 中国人民银行法	1		
55. 银行业监督管理法	1	1	
56. 商业银行法	2		4
57. 反洗钱法			
58. 土地管理法	10		
59. 防沙治沙法	4		1
60. 矿产资源法	2		6
61. 森林法	21		3
62. 草原法	7		
63. 水法	16	13	8
64. 水土保持法	4		
65. 防洪法	3		14
66. 海域使用管理法	2		9
67. 深海海底区域资源勘探开发法	1		2
68. 野生动物保护法	2		2
69. 动物防疫法	2		10
70. 节约能源法	11		
71. 可再生能源法	26		3
72. 长江保护法	28	5	10

续表

经济法律名称	发 展	分 配	安 全
73. 乡村振兴促进法	60	2	19
74. 农业法	69	5	15
75. 农村土地承包法	1		
76. 农村土地承包经营纠纷调解仲裁法	1		
77. 农民专业合作社法	7	18	
78. 畜牧法	17		10
79. 渔业法	6	4	1
80. 种子法	7		10
81. 农业机械化促进法	6		14
82. 农业技术推广法	9		7
83. 反食品浪费法	2		6
84. 海关法			
85. 对外贸易法	10	1	10
86. 出口管制法	1		13
87. 进出口商品检验法	1		2
88. 进出境动植物检疫法	1		
89. 外商投资法	3		5
90. 海南自由贸易港法	16		17
91. 外国中央银行财产司法强制措施豁免法			
92. 反外国制裁法	4		3
93. 台湾同胞投资保护法	2		
94. 第五届全国人民代表大会常务委员会关于批准《广东省经济特区条例》的决议	3		1
95. 劳动法（第五章"工资"）	2	3	
96. 国家安全法	17		189

续表

经济法律名称	发展	分配	安全
97. 网络安全法	5		177
98. 数据安全法	17		91
99. 食品安全法	1		467
100. 农产品质量安全法	3		79
101. 生物安全法	8		189
102. 核安全法	4		225
103. 特种设备安全法	1		209
104. 安全生产法	4		408
105. 矿山安全法	1	2	92
106. 道路交通安全法	2		98
107. 海上交通安全法			128
108. 审计法	1		

2. 基本权利对五大板块制度中具体权利的引领

经济法基本权利属于第一层次权利链，市场运行、宏观经济治理、供求循环、收入分配、经济安全保障等制度中的各种具体权利则属于第二层次权利链。第一层次权利链与第二层次权利链密切关联，前者引领后者的各种具体权利，后者使前者能够最终落到实处。可见，经济法有自己独特的权利范畴，并且由基本权利引领具体权利，形成严密的逻辑结构体系，把《经济法典》"总则"与"分则"有机联结起来。

第127条 [基本权利对具体权利的引领]

经济法基本权利引领市场运行、宏观经济治理、供求循环、收入分配、经济安全保障等制度中的各种具体权利，包括投资权、经营权、消费权、劳动权和宏观治理权、市场监管权等。

第三节　市场主体的权利（权益）

一、投资权

无论是投资经济实体，还是有价证券活动，投资均为国民经济发展源源不断地提供资金支持。国家保障投资者从经济实体或者有价证券活动中获得相关权益，提高投资者的积极性，吸引更多投资。这里的相关权益，既包括在经济实体、有价证券活动中的管理权能，也包括对应的收益权能。显然，收益是对投资者最为直接的激励，也是投资权的重心。

立法建议如下：

第 128 条［投资权］

本法所称投资权，是指投资者在所投资的经济实体中或者是在有价证券活动中获得管理、收益的权利。

二、经营权

1. 一般规定

"企业经营权"为改革文件和法律文件中的用语。14 项具体权利系根据《全民所有制工业企业转换经营机制条例》（1992 年）而形成。在企业经营权中，许多权利均表现为自由竞争权。"竞争自由是指参与竞争的自由和竞争中的自由。"〔1〕自由竞争涉及企业经营的方方面面，从而促使企业按照市场规律进行决策、应变。

立法建议如下：

第 129 条［企业经营自主权］

本法所称企业经营自主权，是指企业依法进行自主经营管理、享有经济收益的权利。

---

〔1〕［德］乌茨·施利斯基：《经济公法》（2003 年第 2 版），喻文光译，法律出版社 2006 年版，第 173 页。

企业经营自主权涉及供、产、销、人、财、物诸方面。主要有：投资决策权，生产经营决策权，产品、服务定价权，产品销售权，物资采购权，进出口权，留用资金支配权，资产处置权，合作、兼并权，劳动用工权，工资、奖金分配权，人事管理权，内部机构设置权，拒绝摊派权。

2. 具体类别

传统类型经济实体，如公司、合伙企业、个人独资企业及个体工商户，分别依照《公司法》《合伙企业法》《个人独资企业法》《个体工商户条例》等行使经营自主权。现行《公司法》促进公司经营自主权的实现。合伙企业、个人独资企业、个体工商户的形式灵活，经营自主权要依法落实到位。

立法建议如下：

第 130 条[传统类型经济实体（公司、合伙企业、个人独资企业及个体工商户）经营权]

采取公司制形式的经济组织，依照公司法的规定行使经营自主权。

合伙企业依照合伙企业法的规定行使经营自主权。合伙企业的经营管理重大事项，由其企业章程规定。

个人独资企业依照个人独资企业法的规定行使经营自主权。个人独资企业的经营管理重大事项，由其企业章程规定。

个体工商户依照个体工商户相关法律的规定行使经营自主权。

国有独资企业、国有独资公司经营权为企业经营权之一类。基于国有独资的特殊性，立法要关注其相关经营权。一是占有、使用、收益和处分的权利。这里指的是各类财产，如动产、不动产。二是民主管理权利。国有独资企业要积极推进民主管理，国有独资公司则要健全现代公司治理结构。

立法建议如下：

第 131 条 [国有独资企业、国有独资公司经营权]

国有独资企业、国有独资公司依法享有经营自主权。在企业改革中，国家赋予国有独资公司更多自主权。

国有独资企业、国有独资公司对其动产、不动产和其他财产依照法律、行政法规以及企业章程享有占有、使用、收益和处分的权利。

国有独资企业、国有独资公司依照法律规定，在企业党委（党组）领导下加强民主管理。

农村集体经济组织经营权为企业经营权之一类，体现为经营自主、民主管理等。保障农村集体经济组织经营权，本质上就是保护农村社会生产力。拓新农村集体经济组织经营自主权，使得农村集体经济组织这一模式在新时代更好地发挥效用，值得期待。

立法建议如下：

第 132 条 [农村集体经济组织经营权]

农村集体经济组织依法享有经营自主权。

农村集体经济组织实行民主管理，依照法律、行政法规以及企业章程决定经营和管理重大事项。

城镇、农村的合作经济组织经营权为企业经营权之一类。国家应注重对合作经济组织成员各种权利的保障，尊重成员之间的约定、信任，体现经营权的人合性。其中，农民专业合作社是典型的合作经济组织形式。农民专业合作社的经营自主权也需要由《经济法典》"总则"专门加以保障。

立法建议如下：

第 133 条 [城镇、农村的合作经济组织经营权]

城镇、农村的合作经济组织依法享有经营自主权。城镇、农村的合作经济组织成员，按照企业章程和各自股权比例管理企业，分享权益。

农民专业合作社依法享有经营自主权。

三、消费权

消费权与消费者权益（消费者权利）是不同的概念（范畴），前者强调消费行为本身具有的权利，后者则强调消费主体具有的权利。长期以来，我们注重消费者权益（消费者权利），但对消费权缺乏足够认识，甚至混淆了这两个概念。"消费者自主消费权"为改革精神之一。

立法建议如下：

第 134 条［消费权］

生活消费属于社会成员生存权利。

消费者享有自由选择、自主消费权。

四、劳动权

弘扬劳动精神，尊重劳动付出，保护劳动者合法权益。"劳动者自主就业权"为改革精神之一。在社会化大生产背景下，劳动权不仅关乎劳动者的社会地位，也体现劳动者的职业尊严。关于劳动权，应注意两点：一是正面要求，如自主择业、就业、辞职；二是禁止性规定，即禁止非法强迫劳动，既包括形式上的非法强迫劳动，更包括基于劳动者弱势地位而在实质上形成非法强迫劳动。

立法建议如下：

第 135 条［劳动权］

劳动属于社会成员发展权利。

劳动者依法享有自主择业、就业及辞职等自主权。

弘扬劳动精神。

尊重劳动者的劳动权，禁止非法强迫劳动。

五、纳税人及缴费人权利

纳税人及缴费人既负有义务，也享受权利。现行《宪法》第 56 条规定公民"有依照法律纳税的义务"，如能加上"并享有相应的权利"，意思将更为完整。实践中不能仅强调纳税义务，而忽视相应的权利。纳税人及缴费人应当具有哪些权利呢？例如，知情权、参与权、表达权、监督权、税收优惠。需要明文规定上述权利，并制订具体措施加以保障。

立法建议如下：

第 136 条 [纳税人及缴费人权利]

纳税人及缴费人在依法缴纳税、费的同时，依法享有知情权、参与权、表达权和监督权以及税收优惠。

六、公益性慈善活动参与者相关权利

参与公益性慈善活动、接受慈善捐赠均可依法享受相关权利。对公益性慈善活动参与者的支持就是对慈善活动本身的支持。其中，履行义务的，也要有权利，如捐款人；接受捐赠的，也会有义务，如依慈善基金所托从事相应活动。法律层面要体现对慈善活动参与者的支持，比如税收优惠机制。

立法建议如下：

第 137 条 [公益性慈善活动参与者作为第三次分配主体享有的权利]

个人和组织参与公益性慈善活动的，依法享受税收优惠和其他特殊的优惠政策。

受益人接受公益性慈善捐赠，依法享受税收优惠。

第四节　国家经济管理主体的权利（权力）

一、国家经济管理权

全面规范、正确履行政府经济职能是经济改革的重心之一，亦即经济法的重心之一。国家经济管理权的履行，需要发挥政府部门的主观能动性，依法进行授权、分工、协调，而不仅仅是约束公权力的行使。因而，如将经济法简单视为"约束公权力法"，则会失之偏颇。

立法建议如下：

第 138 条 [国家经济管理权]

本法所称经济管理权，广义是指人民代表大会、政府经济管理权，狭义是指政府及其下属经济管理机构依法对国民经济活动行使调节、监管并提供服务的权力。

国家经济管理主体依照法律的规定和国务院的授权、分工，各自行使权力，并建立相应的协调机制。坚持用制度管权、管事、管人，保证决策权、执行权、监督权既相互协调又相互制约，按照法定权限和法定程序行使权力。建立管理机构内部对重大决策合法性的审查机制。

二、中央经济管理权

1. 全国人民代表大会及其常务委员会的经济管理权

全国人民代表大会及其常务委员会经济管理权是国家最高权力层次的经济管理权。《宪法》规定，全国人民代表大会及其常务委员会依法决定国民经济和社会发展规划（计划）、国家预算等，引导国民经济的宏观走向。这一经济管理权具有决定国民经济和社会发展规划（计划）、决定国家预算等权能。在经济法视野下，全国人民代表大会及其常务委员会的经济管理权还应进一步加强。

立法建议如下：

第 139 条 [全国人民代表大会及其常务委员会的经济管理权]

全国人民代表大会及其常务委员会，依照宪法规定，对国民经济和社会发展规划（计划）、国家预算享有决定权。

2. 中央政府经济管理权

中央政府经济管理权是国家最高行政层次的经济管理权。1993 年修改《宪法》时，立法者在第 15 条增加了一款："国家加强经济立法，完善宏观调控。"《关于建立社会主义市场经济体制若干问题的决定》（2003 年）首次使用"宏观经济调控权"的概念："宏观经济调控权，包括货币的发行、基准利率的确定、汇率的调节和重要税种税率的调整等，必须集中在中央。"《关于全面深化改革若干重大问题的决定》（2013 年）指出："加强中央政府宏观调控职责和权力，加强地方政府公共服务、市场监管、社会管理、环境保护等职责。"此处的"宏观调控"仍是指中央政府职能。《中共中央关于制定国民经济和社会发展第十四个五年规划和二〇三五年远景目标的建议》提出："完善宏观经济治理。健全以国家发展规划为战略导向，以财政政策和货币政策为主要手段，就业、产业、投资、消费、环保、区域等政策紧密配合，目标优化、分工合理、高效协同的宏观经济治理体系。"随后，《国家规划纲要》也作出了同样表述。作为领导者、组织者、管理者，国务院优化对国民经济发展的战略部署，全面组织国民经济各个领域的整体建设，持续提升对国民经济建设的管理水平。

立法建议如下：

第 140 条 [中央政府的经济管理权]

国务院对国民经济运行，依法行使宏观管理权力。

管理范围包括：发展规划，财政，货币，劳动就业，产业，消费，投资，进出口、外资，国有资产资源管理利用，价格总水平，分配，环境保护，区域经济协调，等等。

三、地方经济管理权

1. 地方人民代表大会及其常务委员会经济管理权

地方人民代表大会及其常务委员会经济管理权，是地方权力层次的经济管理权。《宪法》规定，地方人民代表大会及其常务委员会依法对本地区发展规划（计划）、预算等进行决策，引导地方经济的基本走向。这一经济管理权具有决定本地区国民经济和社会发展规划（计划）、预算等权能。立法日益重视地方层面的经济发展问题，地方人民代表大会及其常务委员会的经济管理权还应进一步加强。

立法建议如下：

第 141 条［地方人民代表大会及其常务委员会经济管理权］

地方人民代表大会及其常务委员会，依照宪法规定，对本地区国民经济和社会发展规划（计划）、预算享有决定权。

2. 地方政府经济管理权

地方政府经济管理权，是地方行政层次的经济管理权。2017 年十九大报告提出："赋予省级及以下政府更多自主权。"其后，2018 年中共中央发布的《深化党和国家机构改革方案》提出："赋予省级及以下机构更多自主权，突出不同层级职责特点，允许地方根据本地区经济社会发展实际，在规定限额内因地制宜设置机构和配置职能。"作为领导者、组织者、管理者，地方政府优化对本地经济发展的部署，全面组织本地经济各个领域的整体建设，持续提升对本地经济建设的管理水平。

立法建议如下：

第 142 条［地方政府经济管理权］

省级及以下政府对本地区经济建设，依法行使管理自主权。

四、综合性和专门性经济事项管理权

1. 基本类别

规划和重大项目决策权是政府经济管理权的基本类别之一。在每年的全国人民代表大会上，在《政府工作报告》作出之后，都会有一个计划报告。规划和重大项目决策权相应地指向国家规划（计划）、重大建设项目。规划和重大项目决策权是发展规划法的权利范畴，应被纳入《经济法典》"总则"的专门经济事项管理权类别，与"总则"第二章第四节的制度板块相呼应。相应地，《经济法典》"分则"应规定发展规划制度，促进规划和重大项目决策权的有效实现。

立法建议如下：

第 143 条 [规划和重大项目决策权]

国家发展和改革机构依法行使具体组织编制和执行国家规划（计划）、审批重大建设项目权。

预算权是政府经济管理权的基本类别之一。在每年的全国人民代表大会上，在《政府工作报告》作出之后，都会有一个预算报告。预算权既包括编制国家预算，也包括执行国家预算。预算权是预算法的权利范畴，《预算法》（2018 年修正）第二章规定了预算管理职权，应被纳入《经济法典》"总则"的专门经济事项管理权类别，与"总则"第二章第四节的制度板块相呼应。相应地，《经济法典》"分则"应规定预算制度，促进预算权的有效实现。

立法建议如下：

第 144 条 [预算权]

国家财政机构依法行使具体编制和执行国家预算权。

税收征管权是政府经济管理权的具体类别。基于税收对财政收入的重要性，税收征管权必须专门规定。税收征管权是税法的权利范畴，应被纳入《经济法典》"总则"的专门经济事项管理权类别，与"总则"第二章第四节的制度板块相呼应。《税收征收管理法》（2015 年修正）致力于规范征税行为，对税务机关的税收征收管理职权作出了详细规定。相应地，《经济法典》"分则"应规定税收制度，促进税收征管权的有效实现。

立法建议如下：

第 145 条 [税收征管权]

国家税务机构依法行使税收征管权。

货币发行、金融监管权是政府经济管理权的具体类别。其中，金融监管权由银行、证券、保险等诸多监管机构依法分别行使，其可以被分为信贷监管权、证券监管权、保险监管权等。货币发行、金融监管权是货币金融法的权利范畴，应被纳入《经济法典》"总则"的专门经济事项管理权类别，与

"总则"第二章第四节的制度板块相呼应。相应地,《经济法典》"分则"应规定货币金融制度,促进货币发行、金融监管权的有效实现。

立法建议如下:

第 146 条 [货币发行、金融监管权]

中央银行在国务院领导下依法行使制定和执行货币发行权。

中央银行、国家银行保险证券监管机构,依法行使信贷等金融监管权。

国际金融、国际收支调控、监管权是政府经济管理权的具体类别。国际金融、国际收支调控、监管权同样是货币金融法的权利范畴,应被纳入《经济法典》"总则"的专门经济事项管理权类别,与"总则"第二章第四节的制度板块相呼应。基于国际金融风险、国际收支风险的特殊性,故对国际金融、国际收支调控、监管权进行单独规定。相应地,《经济法典》"分则"应规定货币金融制度,促进国际金融、国际收支调控、监管权的有效实现。

立法建议如下:

第 147 条 [国际金融、国际收支调控、监管权]

中央银行、国家外汇管理机构,依法行使国际金融、国际收支调控、监管权。

就业极为重要,当前我国的就业问题比较严峻。与劳动权对应,劳动就业管理权是政府经济、社会管理权的具体类别。劳动就业管理权本质上是优化国家劳动力资源、人力资源的管理权力。劳动就业管理权是就业促进法的权利范畴,应被纳入《经济法典》"总则"的专门经济事项管理权类别,与"总则"第二章第四节的制度板块相呼应。相应地,《经济法典》"分则"应规定就业促进制度,促进劳动就业管理权的有效实现。

立法建议如下:

第 148 条 [劳动就业管理权]

国家人力资源管理机构依法行使劳动就业管理权。

政府价格管理权是政府经济管理权的具体类别。价格机制既有宏观经济治理作用，更有市场监管职能。国家应充分发挥价格机制的作用，稳定物价水平，促进国民经济稳健运行。政府价格管理权是价格法的权利范畴，应被纳入《经济法典》"总则"的专门经济事项管理权类别。相应地，《经济法典》"分则"应规定价格制度，促进政府价格管理权的有效实现。

立法建议如下：

第 149 条 [政府价格管理权]

国家价格管理机构依法行使政府定价及相关价格管理权。

市场监管权是政府经济管理权的具体类别。2018 年，国务院组建国家市场监督管理总局，作为国务院直属机构，统一行使市场监管职能。但须了解，依据国务院分工，现设的市场监管机构并非所有市场都归其监管，而只是对若干市场的监管，如工业产品、食品、药品、特种设备等市场。市场监管权是市场运行法的权利范畴，应被纳入《经济法典》"总则"的专门经济事项管理权类别，与"总则"第二章第四节的制度板块相呼应。相应地，《经济法典》"分则"应规定市场运行制度，促进市场监管权的有效实现。

立法建议如下：

第 150 条 [市场监管权]

广义的市场监管权，指依照国务院的分工，所有相关经济管理机构对各种相关市场的监管权。

狭义的市场监管权，指国家现设的市场监督管理机构依法行使的市场监管权。

海关监管权是政府经济管理权的具体类别。全国海关管理属于垂直体制。海关监管权包括以下内容：一是进出境检查，维护进出境经济秩序；二是货物进出境检验，保障货物质量安全；三是征收关税，提高关税征收效率；四是查缉走私，打击走私类违法犯罪。海关监管权是海关法的权利范畴，也应是《经济法典》"总则"规定的具体权利。

立法建议如下：

第 151 条 [海关监管权]

国家海关依法独立行使人员进出境检查、货物进出境检验、征收关税、查缉走私等权力。

审计监督权是政府经济管理权的具体类别。《宪法》对中央审计、地方审计体制作出了原则性规定。长期以来，审计监督在国民经济发展中发挥着重要作用。审计监督权是审计法的权利范畴，应被纳入《经济法典》"总则"的专门经济事项管理权类别，与"总则"第二章第四节的制度板块相呼应。相应地，《经济法典》"分则"应规定审计制度，促进审计监督权的有效实现。

立法建议如下：

第 152 条 [审计监督权]

国家审计机构依法独立行使审计监督权。

2. 特别类型

突发经济事件应急处置权是政府经济管理权的特别具体类型之一。这一权利强调紧急处置突发经济事件，及时、实时地应对经济风险。小至个人生命财产安全，大至社会经济秩序稳定，都需要应急处置。突发经济事件应急处置权日益重要，亟待加强研究。

立法建议如下：

第 153 条 [突发经济事件应急处置权]

国家应急管理机构，会同国家有关机构和地方政府，依法紧急处置突发经济事件，维护社会成员生命财产安全和社会经济秩序稳定。

在宏观调控、市场监管之外，提供基本公共服务作为政府的基本职能，广泛适用于国民经济各个领域。提供基本公共服务权，具有公法、私法相结合的性质。提供基本公共服务既是权利，也是义务；既可能无偿，也可能有偿。将提供基本公共服务提升为权利（力），使政府职能转变有了新的权利（力）基础，有助于推进行政体制改革，完善服务型政府建设。

立法建议如下：

第 154 条 [提供基本公共服务权]

国家有权利和义务向社会成员提供基本公共物品和公共服务。政府及其指定机构可以直接向社会成员提供，也可以通过购买方式取得公共品再向社会成员提供。

非政府序列公共事务组织经济管理和参与权，需要获得授权或接受委托，是改革成果之一。非政府序列公共事务组织获得授权，需要规范获得哪些授权；接受委托，需要规范接受何种委托。如何准确地安排其行使特定的经济管理职责，有待进一步安排。

立法建议如下：

第 155 条 [非政府序列公共事务组织经济管理和参与权]

法律、法规授权的或者依法接受委托的具有管理公共事务职能的组织，依照该项授权或者委托以自己的名义实施经济专业性行为，行使特定的经济管理职责。

五、自由裁量权

经济执法中的自由裁量权是政府经济管理中的一种常态事项。自由裁量既是对政府经济执法的授权，也是对政府经济执法能力的考验。自由裁量需要充分发挥主观能动性，从实际出发，提高经济执法的可操作性。经济执法必须规范化，建立健全裁量基准制度。经济执法的裁量标准要细化、量化，对经济执法的裁量范围、裁量种类、裁量幅度等必须有更为明确的规定。

立法建议如下：

第 156 条 [经济执法中的自由裁量权]

建立和健全经济执法裁量基准制度，细化、量化裁量标准，规范自由裁量范围、种类、幅度。经济执法公务的自由裁量权，不得超越法律规定。

六、发挥中央和地方两个积极性

1. 坚持中央的集中统一领导

党中央权威是全党全国各族人民迎难而上、夺取胜利的根本依靠。国民经济建设必须坚决服从党中央的领导，坚决维护党中央权威和集中统一决策，集中力量办大事。与此同时，地方必须具备大局意识、整体意识，使得地方经济发展遵循中央经济布局。

立法建议如下：

第 157 条 [坚持中央的集中统一领导]

坚持中央对全国经济建设的统一领导，统筹战略规划、战略决策、战略配置，集中力量办大事。

地方必须树立大局意识、整体意识，不能有令不从、各自为政。

2. 适当扩大省级以下地方经济管理权限

扩大地方权限是基于发挥地方优势、满足地方发展需要的要求。改革趋势是，发挥地方、基层的积极性，适当扩大省级以下地方的经济管理权限。基于此，社会主义事业才会有更为坚实的基础。其中，地方经济发展需要充分调动地方金融资源，省级金融管理权限要更为灵活。

立法建议如下：

第 158 条 [适当扩大省级以下地方的经济管理权限]

为发挥地方优势，根据地方发展的需要，适当扩大省级以下地方政府的经济管理权限，包括省级金融管理权限。

省级政府经济管理权的自主设置，报国务院审定。

第五节 与经济活动相关的社会力量主体的 权利（准权力和权利）

一、社会组织经济管理权

1. 行业组织自律管理权

行业组织自律管理权是经济管理权之一特类，包括指导、协调、服务、监督等内容。行业组织指导本行业经济活动，引导行业经济健康发展。行业组织协调本行业经济活动，解决行业内部各种矛盾、纠纷。行业组织服务本行业经济活动，为行业经济发展保驾护航。行业组织监督本行业经济活动，及时发现、应对本行业的经济风险。

立法建议如下：

第 159 条 [行业组织自律管理权]

经济类行业组织依法行使行业自律管理权，指导、协调、服务、监督本行业成员的经济活动。

2. 中介机构受托权与监督权

中介机构受托权与监督权是经济管理权之一特类，包括鉴证、认证、公证、评估、咨询、物业管理服务等内容。针对各类中介机构的相关立法，对受托权、监督权各有具体规定。可进一步提炼权利共性，将之纳入《经济法典》"总则"。

立法建议如下：

第 160 条 [中介机构受托权与监督权]

经济类中介机构依法行使受托权与监督权，履行所受托鉴证、认证、公证、评估、咨询、物业管理服务等经济事务，并在服务过程中实施相应的监督。

二、事业单位经济管理权

事业单位中提供经济性专业服务机构的受托权与监督权是经济管理权之一特类。社会各界对事业单位经济管理权的认识还不到位，影响到了受托权、监督权的行使。伴随事业单位改革，这一问题将逐步得到解决。

立法建议如下：

第 161 条 [事业单位中提供经济性专业服务机构的受托权与监督权]

事业单位中提供经济性专业服务机构，行使中介机构的受托权与监督权。

第六节 权利客体

经济法权利具有三类客体，即要素（财产）类客体、环境类客体、行为类客体（参见图4-2）。

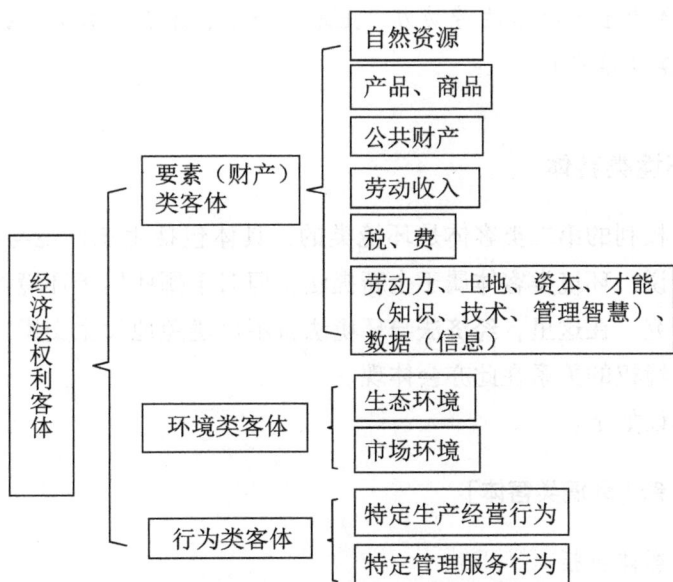

图4-2 经济法权利客体构成图

一、要素（财产）类客体

经济法权利客体展示出一个崭新的概念视野。经济法权利的第一类客体是要素（财产）类的。要素（财产）类不仅包括自然资源、产品、商品、公共财产、劳动收入、税、费等，还包括劳动力、土地、资本、才能、数据（信息）。对各种要素（财产）类客体，既要考察共性，更要关注个性。

立法建议如下：

第 162 条 [要素（财产）类客体]

要素（财产）类客体包括：

（一）自然资源；

（二）产品、商品；

（三）公共财产；

（四）劳动收入；

（五）税、费；

（六）作为生产要素的劳动力、土地、资本、才能（知识、技术、管理智慧）、数据（信息）。

二、环境类客体

经济法权利的第二类客体是环境类的，具体包括生态环境与市场环境。对经济法来说，环境类客体属于全新提法，但对于哪些属于环境类客体，还要进一步研究。在这里，经济法与环境法将不可避免地发生交织。前述经济发展权与环境权的关系在此亦会体现。

立法建议如下：

第 163 条 [环境类客体]

环境类客体包括：

（一）生态环境；

（二）市场环境。

三、行为类客体

经济法权利的第三类客体是行为类的，如特定生产经营行为、特定管理服务行为。行为类客体属于服务性质，市场主体对应的是特定生产经营行为，国家经济管理主体对应的是特定管理服务行为。要注意区分行为类客体与经济法行为，前者强调的是经济法权利的对象；后者强调的是行为本身，是对经济法义务的具体落实。

立法建议如下：

第 164 条 [行为类客体]

行为类客体包括：

（一）特定生产经营行为，包括商业性服务行为；

（二）特定管理服务行为。

必须指出，随着经济社会的发展，经济法中"客体"的内涵和外延将会不断演变。主体权利必须落实到客体上。所以，对经济法中的"权利客体"必须加以关注。《经济法典》"总则"列出客体类型，实乃立法创新。

第五章

经济法行为

引　语

一、本章的缘起

1. 本章的设立目的

设立本章的初衷在于，国民经济运行中各种角色（组织、个人）怎样"为"、怎样"不为"？

法律行为指行为主体依法开展的、有意识的活动，并能产生一定的法律效力或者效果。对于不同主体应该如何作为，法律上须有基本准则。权利通过行为实现，行为产生力量，互联互动产生合力。从国民经济运行现实中提炼典型的经济法行为，根据经济法主体身份进行类型化区分（见图 5-1）。故而，《经济法典》"总则"应当作出互联互动的"经济法行为"设计。特别是在高科技时代，要开拓鼓励创新、发掘智慧的行为。就此意义而言，经

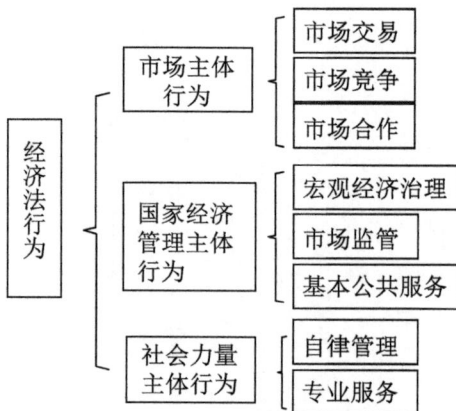

图 5-1　经济法行为类型化构造图

济法是智慧经济法，经济法典可被称为"智慧经济法典"。对经济法行为必须配套促进型举措和约束性要求，前者是主动采取措施以持续促进国民经济的高质量发展，后者则避免、纠正国民经济发展过程中的偏离、偏差。

2. 本章的条文依据

《宪法》第4条、第5条、第41条、第54条规定了行为问题，第二章、第三章在规定公民、国家机构时实际上也是从行为角度统筹考量的。

许多单行经济法律、法规均对市场主体的"经济法行为"作出了规定。例如，《价格法》中的"经营者的价格行为"，《产品质量法》中的"生产者、销售者的产品质量责任和义务"，《消费者权益保护法》中的"经营者的义务"，《反垄断法》中的"垄断行为"，《反不正当竞争法》中的"不正当竞争行为"，等等。

许多单行经济法律、法规还对国家经济管理主体的"经济法行为"作出了规定。例如，《价格法》中的"政府的定价行为"，《反垄断法》中的"反垄断行为"，《反不正当竞争法》中的"反不正当竞争行为"，《产品质量法》中的"产品质量的监督"，《消费者权益保护法》中的"国家对消费品合法权益的保护"，《反洗钱法》中的"反洗钱行为"，《预算法》中的"预算行为"，《税收征收管理法》中的"税收征收管理行为"，《中国人民银行法》中的"中央银行宏观调控"和"金融监督管理行为"，《统计法》中的"统计行为"，《审计法》中的"审计行为"，《反外国制裁法》中的"采取相应反制措施"，等等。

二、本章的要点

1. 对经济法行为的肯定性标尺

在宏观与微观组合的基础上，对主体行为采取得力的促进性举措，包括一般举措和特别举措。允许和鼓励的经济活动、经济管理行为，应当有利于发展社会主义生产力，有利于增强国家综合实力，有利于提高人民群众生活水平。国家在国民经济治理过程中应建立长效激励机制。

2. 对经济法行为的约束性要求

对主体行为采取有强制力的约束性举措，如适用于市场主体的要求、适用于国家经济管理主体的要求。国家在国民经济治理中，建立有效约束机制。

三、本章的升华

1. 经济法行为互联互动之一：市场主体发挥合力

经济交易。经营者与消费者之间的市场交易，应当坚持平等交换，履行合同义务，保护当事人双方的合法权益，并对消费者合法权益实行倾斜性保护。

经济竞争。经营者与其他经营者之间发生的市场竞争，应当坚持平等参与、平等对待，履行合同义务，保护当事人双方的合法权益，并注重保护弱势方的合法权益。

经济合作。经营者在生产、流通过程中，可以依法依约实行各种适宜方式的经济合作。

2. 经济法行为互联互动之二：国家经济管理主体发挥合力

国家经济管理主体之间也需要互联互动。在发展规划、财政、货币、劳动就业、产业、消费、投资、进出口和外资、价格总水平、分配、环境保护、区域经济协调等方面的宏观经济治理中，需要国家经济管理主体之间的沟通、协调、合作。互联互动既是一个过程，也是一种机制。

3. 经济法行为互联互动之三：市场主体与国家经济管理主体同向或者结合发挥合力

所谓"同向"，是指市场主体与国家经济管理主体在经济发展中的行为导向一致。所谓"结合"，是指在经济发展中，市场主体行为与国家经济管理主体行为相互关联、相互促进。互联互动是宏观与微观之间、市场主体与国家经济管理主体之间、竞争与合作之间、国内与国际（涉外）之间的互联互动，与存在于私法空间的民事法律行为不同，与存在于公法空间的行政法律行为也不同。对经济法行为从宏观上、微观上提出互联互动要求，体现经济调节的科学性、市场运转的有序性，由此，市场行为和政府行为得以有机结合。

以上表明，经济法承接并跨越传统民法、行政法，作出了重大创新。

第一节　经济法行为的界定

一、经济法行为的提出

1. 经济法行为的定义

"法律行为"的概念，在《法国民法典》中没有出现，直到《德国民法典》问世时才开始使用。它不应局限为某一法律部门的"专利"。既然可以称"民事法律行为"，当然也就可以称"行政法律行为""经济法律行为"。本法所称"经济法行为"，因跨越公法、私法领域而必然区别于单一的民事法律行为，也区别于单一的行政法律行为。这可以与《经济法典》"总则"第 2 条"调整对象"、第 3 条"调整方法"前后呼应。对这一崭新的法律概念，还有待深入论证。

立法建议如下：

第 165 条 [经济法行为的定义]

经济法行为，是指在国民经济运行、治理中，经济法主体设立、变更、终止经济权利与义务（私法意义上的）或是经济权力与责任的行为（公法意义上的）。

经济法行为可分为：市场主体的经济自律行为，国家经济管理主体的经济他律行为。

2. 经济法行为的要件

经济法行为的成立与经济法行为的生效是两个概念，成立未必生效，生效必定已经成立。经济法行为的成立，必须具备行为资质、能力、意思和内容等合法条件。它与民事法律行为的要求有所不同，与行政法律行为的要求也有所不同。

立法建议如下：

第 166 条 [经济法行为的成立要件]

具备下列条件，经济法行为成立：

（一）行为主体享有法律、行政法规规定的资质或者职权；

（二）独立的经济活动能力或者经济管理能力；

（三）市场属性和国家因素相结合，形成同一的意思表示；

（四）符合或者不违反法律、行政法规作出的强制性规定。

3. 经济法行为的形式

经济法行为主体多元化，对应的经济法行为包括双方行为、多方行为、单方行为。经济法行为的表示方式多样化，包括书面、口头或其他方式。

立法建议如下：

第 167 条 [经济法行为的形式]

经济法行为一般为双方行为、多方行为，也包括单方行为。

经济法行为可以用书面表示，也可以用口头表示或者其他方式表示。法律对经济法行为要求用书面表示的，必须用书面表示。

4. 经济法行为的效力

经济法行为的效力，包括有效、无效、部分无效、可撤销、应改正等情况。经济法行为的有效、无效、可撤销、应改正，与民法、行政法的规定既有相同点，也有不同点，其中有些需要依据全新的判断标准。

立法建议如下：

第 168 条 [经济法行为的有效]

经济法主体依法实施的行为，具有法律的约束力。

限制法律行为能力人实施的与其年龄、智力、精神健康状况相适应的经济法行为有效；实施的其他经济法行为经法定代理人同意或者追认后有效。

经济法行为无效的情形包括：违反法律、行政法规的强制性规定；违反经济公共利益；无法律行为能力人实施的行为；以虚假的意思表示实施的行为；恶意串通而损害他人合法权益。无效的经济法行为自始没有法律约束力。经济法行为无效，行为人因该行为取得的财产，应当予以返还或折价补偿。有过错的一方应当赔偿对方由此所受到的损失；各方都有过错的，应当各自承担相应的责任。

立法建议如下：

第 169 条 [经济法行为的无效]

违反法律、行政法规的强制性规定的经济法行为无效，但该强制性规定并未导致该经济法行为无效的例外。

违反经济公共利益的经济法行为无效。

无法律行为能力人实施的经济法行为无效。

行为人与相对人恶意串通，损害他人合法权益的经济法行为无效。

无效，可能是全部，也可能是部分。在部分无效的情况下，经济法行为无效的部分按照无效的相关规定处理，一般不影响其他部分的效力，除非无效部分导致其他部分也随之无效。

立法建议如下：

第 170 条 [经济法行为的部分无效]

经济法行为部分无效，不影响其他部分效力的，其他部分仍然有效。

经济法行为可撤销，基于重大误解、欺诈、胁迫、危困状态、缺乏判断能力、限制法律行为能力人的待追认行为等情形。经济法行为被撤销，行为人因该行为取得的财产，应当予以返还或折价补偿。有过错的一方应当赔偿对方由此所受到的损失；各方都有过错的，应当各自承担相应的责任。

立法建议如下：

第 171 条 [可撤销的经济法行为]

基于重大误解、欺诈、胁迫、危困状态、缺乏判断能力等情形，当事人有权请求人民法院或者仲裁机构对相关经济法行为予以撤销。

限制法律行为能力人实施的经济法行为，需要法定代理人追认。法定代理人未作表示的，视为拒绝追认。经济法行为被追认前，善意相对人有撤销的权利，此种撤销以通知的方式作出。

除了无效、撤销之外，市场主体未具备必要的资格条件而作出的行为、国家经济管理主体未按规定履行职责的行为属于应改正的经济法行为。应改正的行为比较特殊，在完善经济法行为制度时要予以关注。

立法建议如下：

第172条［应改正的经济法行为］

市场主体未具备必要的资格条件而作出的行为，国家经济管理主体未按规定履行职责的行为，当事人有权请求人民法院或者上级主管部门予以改正，也有权要求当事者作出改正。

二、市场主体行为

1. 市场主体行为的一般规定

立足市场运行，对各类市场主体的自律行为可作出一般规定。例如，经营者遵守经营规则，消费者遵守消费规则，劳动者遵守劳动规则。国家应规范市场主体行为，促进公平交易、公平竞争，构筑国民经济发展的微观基础。

立法建议如下：

第173条［市场主体行为的一般规定］

市场主体应当依法履行公平交易、公平竞争的义务，建立国民经济微观基础。

经营者应当遵守经营规则，接受国家经济管理主体依法实施的监督管理。

消费者应当遵守消费规则，履行合理消费义务。

劳动者应当遵守劳动规则，履行劳动敬业义务。

2. 市场主体行为的具体类型

市场交易是市场主体的基础行为。没有市场交易，经济资源将难以流动、无法配置，市场经济也就无从说起。市场交易一方面强调平等交易，保护当事人双方的合法权益；另一方面考虑消费者的弱势地位，对消费者实行倾斜性权益保护。

立法建议如下：

第 174 条 [市场主体行为类型之一：市场交易]

经营者与消费者之间的市场交易，应当坚持平等交换，履行合同义务，保护当事人双方合法权益，并对消费者实行倾斜性权益保护。

前款市场交易，包括提供商业性服务。

市场竞争是市场主体的一类行为。有观点认为，体现竞争规律的竞争作用力为"潜在入侵者""替代品""买方""供方""产业竞争者"。[1]经济社会中的竞争确实是普遍存在的，要正确理解竞争。要鼓励正当竞争，反对不正当竞争、反对非法垄断。在竞争过程中，要注重保护弱势方的合法权益。

立法建议如下：

第 175 条 [市场主体行为类型之二：市场竞争]

经营者与其他经营者之间发生的市场竞争，应当坚持平等参与、平等对待，履行合同义务，保护当事人双方合法权益，并注重保护处于弱势方的合法权益。

市场合作是市场主体的另一类行为。不能只讲交易、竞争，市场经济还需要合作，而且市场合作日益重要。市场交易、竞争、合作可以同时发生，也可以分别展开。计划经济条件下，国家虽也提倡社会主义协作，但未引入市场机制。市场经济条件下，要全新认识市场合作，在经济法中加以吸纳。

立法建议如下：

第 176 条 [市场主体行为类型之三：市场合作]

经营者在生产、流通过程中，可以发挥各自优势，依法依约实行各种适

---

〔1〕　［美］迈克尔·波特：《竞争优势》，陈小悦译，华夏出版社 2005 年版，第 4 页。

宜方式的经济合作，促进资源市场优化配置。

三、国家经济管理主体行为

1. 国家经济管理主体行为的一般规定

对政府经济管理行为可作出一般规定，如有效调节、优化管理、方便服务、政务公开。法无授权不可为，法定职责必须全面履行。对于国家经济管理主体的这些行为类型，《经济法典》"分则"应有相应的制度板块设计。

立法建议如下：

第 177 条 [国家经济管理主体行为的一般规定]

国家经济管理主体应当依法履行有效调节、有效监管的职责，推动国民经济高质量发展。

国家经济管理主体应当坚持法无授权不可为、法定职责必须为。

国家经济管理主体应当正确处理放开、管理、服务的关系，简政放权，优化管理，方便服务。

坚持政务公开、信息公开。政务公开，以公开为常态，不公开为例外。

2. 国家经济管理主体行为的具体类型

宏观经济治理是国家经济管理主体行为之一，是经济法视野下的崭新概念。宏观经济治理立足"治理"，减缓经济周期波动影响，防范区域性、系统性风险，稳定市场预期。要研究宏观经济的治理目标、治理职责、行为类型、治理手段、治理程序等。

立法建议如下：

第 178 条 [国家经济管理主体行为类型之一：宏观经济治理]

政府完善宏观经济治理，保持经济总量平衡，促进重大经济结构协调和生产力布局优化，建立风险识别和预警机制，减缓经济周期波动影响，防范区域性、系统性风险，稳定市场预期，实现国民经济健康发展。

宏观经济治理主要运用发展规划（计划）和经济手段、法律手段，并辅以必要的行政手段，确保经济调节的科学性。

市场监管是国家经济管理主体行为之二。除了狭义的"市场监管"范围，还有房地产市场、金融市场、技术市场、人力资源市场等监管。目前设置的市场监管局只负责对一部分市场的监管，但经济法所称之市场监管应是指对全部市场的监管。

立法建议如下：

第 179 条 [国家经济管理主体行为类型之二：市场监管]

政府加强市场监管，促进商品、服务和生产要素自由流动、公平交易、公平竞争，反垄断、反不正当竞争，监管产品质量安全，监管各类市场，严格执法、透明执法、规范执法，形成和维护统一、开放的市场秩序。

市场监管主要通过放宽市场准入、加强事中事后监管和提供服务，确保市场运转的有序性。

基本公共服务是国家经济管理主体行为之三。基本公共服务涵盖公共教育、劳动就业创业、社会保险、医疗卫生、社会服务、住房保障、公共文化体育、优抚安置、残疾人服务等领域。基本公共服务主要由政府保障，非基本公共服务主要由市场提供。

立法建议如下：

第 180 条 [国家经济管理主体行为类型之三：基本公共服务]

政府保障基本公共服务，建立和健全基本公共服务标准体系，明确中央与地方提高基本公共服务的质量水平和支出责任，推动城乡区域公共服务制度统一和公共资源配置合理，以标准化手段促进基本公共服务均等化、普惠化和便捷化，创新公共服务方式，更好地改善民生。

公共服务主要通过政府主导、公私合作和社会参与，确保公共服务的实效性。

四、社会力量主体行为

对社会力量主体行为可作出一般规定，如管理行为、服务行为。社会力量主体的管理行为是基于自律管理，服务行为则着眼于专业服务。社会力量主体的管理和服务要规范化，中立公正，因应社会力量主体自身的法律定位，推进自身专业建设。

立法建议如下：

第 181 条 [社会力量主体管理和服务行为]

社会力量主体应当依法履行所受委托任务，中立公正，坚持质量标准，加强自律管理，推进专业服务。

五、各种主体行为之间的联系

主体行为面对外部，不是封闭的。各种经济法行为互联互动，反映国民经济运行系统性、整体性、协同性要求。这与经济法的调整对象和调整方法在逻辑上保持着一致和对应。

立法建议如下：

第 182 条 [经济法行为之间的互联互动]

在生产、分配、流通、消费的运转过程中，在促进发展、实现公平、保障安全的治理过程中，各类经济法行为应当互联互动、保持顺畅循环。

第二节　对主体行为的促进性举措

一、基本要求

创新是从无到有、由浅入深，或者更新、重构，这是经济社会发展的最大动力。国家突出对创新的促进，以创新对经济发展给予根本推动。对之可采用立法形式，比如《深圳经济特区改革创新促进条例》（2019 年修正）、《深圳经济特区科技创新条例》（2020 年）。坚持"三个有利于"，即有利于发展社会主义社会的生产力、有利于增强社会主义国家的综合国力、有利于提高人民的生活水平。

立法建议如下：

第 183 条 [允许和鼓励的前提]

允许和鼓励的经济活动、经济管理行为，应当有利于发展社会主义生产力，有利于增强国家综合实力，有利于提高全体人民生活水平。

对科技、经营、管理等方面创新的实践经验，应当大力支持，积极推广。

二、一般举措

1. 发展规则平等

发展规则平等是一般促进举措，覆盖国家支持经济发展的各项法律、行政法规和相关政策。规则本身非常重要，发展规则平等中的"规则"，既指法律、行政法规，也包括发展政策。发展规则平等为市场主体提供平等的制度保障，适用于各类市场主体。发展规则既要有普适性，也要有灵活性，但灵活性不等于随意性，不能走灰色地带、钻政策漏洞。在遵守规则的基础上，市场主体要把精力用于自身发展，提高市场竞争力。

立法建议如下：

第 184 条 [发展规则平等]

所有市场主体，平等适用国家支持经济发展的各项法律、行政法规和相关经济、技术政策。

2. 发展机会平等

发展机会平等也是一般促进举措，如进入市场、投资经营、参与政府采购、自由交易等机会。在发展机会平等中，需要考虑负面清单问题，革新负面清单中的相关规定。在发展机会平等的情况下，市场主体基于自身能力、机遇等原因，在发展过程中出现差别，这也体现了优胜劣汰的市场规律。

立法建议如下：

第 185 条 [发展机会平等]

所有市场主体，依法享有平等进入市场、投资经营、参与政府采购、自由交易等机会，但负面清单规定禁入的领域除外。

在投标活动中，不得歧视非公有制企业、小微型企业。

3. 发展环境平等

发展环境平等也是一般促进举措，涉及场地、资金、技术、基本公共服务、税费、程序方面。国家营造良好的发展环境，搭建更好的发展平台，为市场主体提供平等的发展条件。市场主体要善于利用发展环境为自身服务，实现自身发展。

立法建议如下：

第 186 条 ［发展环境平等］

所有市场主体，依法平等享有取得场地、资金、技术和接受基本公共服务以及减免税费、减少程序性要求等发展环境。

三、特别举措

1. 一企一策

"一企一策"是指在国家统一的法律、政策之下，治理、发展企业的具体对策。任何企业发展都不能超越国家统一的法律、政策，但各个企业情况不一，发展方式不可能千篇一律，应当坚持一致性和多样性的统一。"一企一策"考虑到企业具体情况，既可以是企业提出后报政府部门同意，也可以是由政府部门向企业提出。总之，要有针对性地支持企业发展，实施"一企一策"措施。

立法建议如下：

第 187 条 ［一企一策］

对大中型国有企业，实行"一企一策"，有针对性地支持其发展。"一企一策"可以由企业提出，报政府有关主管部门同意；也可以由政府有关主管部门向企业提出。

2. 一城一貌（含特色小镇）

"一城一貌"是指在国家统一的法律、政策之下，治理、发展城市的具体对策。各个城市的历史文化、地理环境、人口分布、社会状况等各不相同，经济发展方式不可能千篇一律。"一城一貌"需考虑到不同城市的具体经济情况，如美食之都、会展之都、金融之都。"一城一貌"还要延伸到乡镇层面——发展特色小镇，如旅游类、商贸类、文化类、制造类。

立法建议如下：

第 188 条 [一城一貌（含特色小镇）]

推行"一城一貌"，发展特色小镇，有针对性地支持经济社会融合发展。

3. 先行区、示范区、引领区

经济领域"先试先行、复制推广"，可以分为先行区、示范区、引领区，如发展深圳先行示范区、上海浦东建设引领区、雄安新区、海南自由贸易港、浙江共同富裕示范区等，这是对改革开放实践经验的总结和提升。社会主义市场经济的成功经验，在先行区、示范区、引领区中得到体现。

立法建议如下：

第 189 条 [发挥先行区、示范区、引领区的带动作用]

国家根据经济发展的领域（内容）和水平（程度），选定先行区、示范区、引领区。先行，允许先试；示范，可以推广；引领，已成样本。

国家积极发挥经济先行、先进地区（省、市、县）的带头、带动作用。

第三节　对主体行为的约束性要求

一、通用要求

通用要求适用于各类主体，这也是表示管理的方向。根据社会生产力发展、国家安全保障等考量因素，具体包括限制要求、禁止要求。在通用要求的基础上，还需要根据不同主体设置具体的约束性要求。

立法建议如下：

第 190 条 [限制和禁止的要求]

国家对一切妨碍社会生产力发展、有碍国家安全的经济行为，视不同情况分别采取限制、禁止措施。

二、适用于市场主体的要求

1. 不得失信违约

市场经济是信用经济，对市场主体提出高标准的信用要求。然而，在现实生活中，失信违约现象屡屡出现。在市场经济运行过程中，不得失信违约，是对市场主体行为的否定性要求之一。不得失信违约，既规范生产者、销售者，也规范购买方、借款方。

立法建议如下：

第 191 条 [不得失信违约]

市场主体不得有恶意违约的行为，不得违法失信，不得规避企业信息公示。

生产者不得生产假冒伪劣产品，销售者不得诈骗经营销售。

购买方不得无故拖欠货款，借款方不得无故拖欠借款及利息。

2. 不得侵权

不得侵权是对市场主体行为的又一否定性要求。其中，非法垄断行为包括：垄断协议、滥用市场支配地位、经营者集中、行政垄断行为；不正当竞争行为包括：混淆行为、商业贿赂行为、虚假宣传行为、侵犯商业秘密行为、不正当有奖销售行为、损害商誉行为、妨碍（破坏）互联网经营行为。

立法建议如下：

第 192 条 [不得侵权]

市场主体不得有恶意侵权的行为，不得非法垄断、不正当竞争。

不得侵犯公有制和非公有制财产所有权、知识产权。

不得损害经营者、消费者和劳动者的合法权益。

3. 不得利用过度逐利行为损害社会公共利益

市场经济趋利避害，合法、合理追求经济利益是市场发展的动力。但是，过度逐利则会产生恶性竞争、非法垄断，严重损害消费者合法权益和社会公共利益。因此，不得利用过度逐利行为损害社会公共利益，是对市场主体行为的又一否定性要求。在应急情况下（如防疫期间），更需强调维护社会公共利益，避免过度逐利造成不良后果。

立法建议如下：

第 193 条 [不得利用过度逐利行为损害社会公共利益]

市场主体不得利用市场急需，过度逐利、非法经营，损害社会公共利益。

三、适用于国家经济管理主体的要求

1. 控制政府权力行为

控制政府权力行为是对经济管理行为的否定性要求之一。例如，不得自我授权；不得法外设定自身权力；不得非法减损公民、法人等的合法权益；不得非法增加公民、法人等的义务。政府权力行使需要有权力清单，包括正面清单与负面清单。

立法建议如下：

第 194 条 [政府不得有法外设定自身权力、损害管理相对方权益的行为]

国家经济管理主体不得自我授权，不得在法外设定自身权力。

没有法律法规依据的，不得做出和实施减损公民、法人和其他组织的合法权益或者增加其义务的决定或者行动。

2. 限制政府干预行为

政府过度干预、非法干预市场资源的直接配置和微观经济活动成为影响政府与市场关系的重要原因。遵循市场规律，政府监管必须到位，但不能干

预失当。限制政府干预行为是对经济管理行为的又一否定性要求。

立法建议如下：

第 195 条 [限制政府干预行为]

最大限度地减少政府对市场资源的直接配置和对微观经济活动的直接干预。

最大限度地减少不必要的行政执法事项。

3. 避免重大决策失误

国民经济运行中需要进行经济决策，指导具体工作安排，坚持科学决策至关重要。重大决策失误可能导致国民经济遭遇严重问题。避免重大决策失误是对经济管理行为的又一否定性要求。重大决策失误跟个人能力有关，也跟决策机制有关。避免重大决策失误必须基于法定权限、遵循法定程序，不能盲目决策、随意决策。

立法建议如下：

第 196 条 [避免重大决策失误]

政府管理机构及其负责人员，不得违反法定权限和法定程序，未经可行性论证即作出决策。必须依靠科学，实行集体领导与主管负责相结合，避免造成重大决策失误。

4. 不得失职、渎职

不得失职、渎职是对经济管理行为的又一否定性要求。失职如缺位、不作为，渎职如错位、越位、乱作为，还要防止利用权力寻租、营私舞弊。上述行为是由政府管理机构及其工作人员的主观故意、过失造成的，必须严惩。《反垄断法》（2007 年）第 8 条规定："不得滥用行政权力，排除、限制竞争。"

立法建议如下：

第 197 条 [不得失职、渎职]

政府管理机构及其工作人员不得失职，不得出现缺位、不作为状态。

政府管理机构及其工作人员不得渎职，不得出现错位或者越位、乱作为状态。

政府管理机构及其负责人员、工作人员不得利用权力寻租，不得营私舞弊。

四、适用于社会力量主体的要求

不得违规、越权操作是对社会力量主体经济管理行为的否定性要求。不得违规，即社会力量主体经济管理行为应由法律、法规授权。不得越权操作，即社会力量主体应依法接受委托。不得歪曲事实、弄虚作假则是信用经济背景下对社会力量主体的诚信要求。

立法建议如下：

第 198 条 [不得违规、越权操作]

社会力量主体不得违法违规，不得超越委托、滥用职权，不得歪曲事实、弄虚作假。

第六章
经济法责任

引　语

一、本章的缘起

1. 本章的设立目的

设立本章的初衷在于，在国民经济运行中如何既落实本分的责任而又追究事后的责任？

中文里的"责任"一词具有双重含义：本来意义上的责任，即义务、职责；事后追究的责任，狭义上的法律责任即属此类。经济法责任制度的确立，既要承接传统责任，又要引入新型责任。

顾炎武提出"天下兴亡，匹夫有责"。这里说的"责"，即义务、职责。毛泽东同志提出："我们的责任，是向人民负责。"[1]这里所说的"责任"，即义务、职责。

经济法志存高远，身负重任，又往往从经济政策中脱胎而来，其表达之意，既能指引方向，又有制裁权威。故而，《经济法典》"总则"应当安排体现特别功能的"经济法责任"体系。这个责任体系与传统法律责任体系既有关联，又有特别之处。

2. 本章的条文依据

现行《宪法》第14条规定"实行各种形式的社会主义责任制"，第27条规定"实行工作责任制"。

现行经济法律对经济法责任作了许多规定。

第一，单位责任制。例如，"经济责任制"（《全民所有制工业企业法》第12条），"承包和租赁经营责任制方案"（《全民所有制工业企业法》第47

---

〔1〕《毛泽东选集》（第4卷），人民出版社1991年版，第1128页。

条、第 52 条），"承包、租赁经营责任制"（《全民所有制工业企业法》第 66 条），"安全生产责任制"（《矿山安全法》第 20 条，《港口法》第 32 条，《安全生产法》第 4 条、第 21 条、第 22 条），"地方各级人民政府水土保持目标责任制"（《水土保持法》第 4 条），"促进就业的目标责任制度""促进就业目标责任制"（《就业促进法》第 58 条），"岗位责任制"（《公路法》第 26 条），"发展循环经济的目标责任制"（《循环经济促进法》第 8 条），"单位治理责任制"（《防沙治沙法》第 30 条），"节能目标责任制"（《节约能源法》第 6 条、第 25 条），"森林资源保护发展目标责任制"（《森林法》第 4 条），"长江流域生态环境保护责任制"（《长江保护法》第 78 条），"环境保护目标责任制"（《海南自由贸易港法》第 36 条），"食品安全监督管理责任制"（《食品安全法》第 7 条、第 143 条），"首负责任制"（《食品安全法》第 148 条），"草原防火责任制"（《草原法》第 53 条），"渡口安全管理责任制"（《海上交通安全法》第 60 条），"乡村振兴战略实施目标责任制"（《乡村振兴促进法》第 68 条）。

第二，个人责任制。例如，"建立林长制"（《森林法》第 4 条），"省、市、县、乡建立河长制"（《水污染防治法》第 5 条）。

二、本章的要点

1. 本来意义上的特别责任

与通常责任（一般类型）对应的是特别责任（特别类型）。在经济法视野下，本来意义上的特别责任有：政治责任、经济责任、安全责任、社会责任、经济公益补救责任。

2. 事后追究的法律责任

违反经济法可以适用经济内容的民事责任，但必须分清补偿性与惩罚性，不得以赔代罚。

违反经济法可以追究经济内容的行政责任，相关处罚具有行政法、经济法双重属性。

违反经济法的行为已构成刑事犯罪的，依照刑法的相关规定追究刑事责任。

非经济形式责任亦在引入，如行为罚、有限度的人身自由罚、道义性惩罚。

三、本章的升华

1. 从正面的责任要求到负面的责任追究：构建经济法的完整责任体系

对经济法的责任，力求作出综合全面、行之有效的安排。外国有学者提出行政制裁、刑事制裁、民事制裁、"自成一类的"制裁、对违反经济法的损害后果实行赔偿等举措。[1] 笔者认为，经济法的责任体系，必须衔接从正面的责任要求到负面的责任追究，将传统责任形式与新型责任形式、将处罚性与促进性有机结合。但是，我们不能混淆两种不同性质的责任（见图 6-1）。

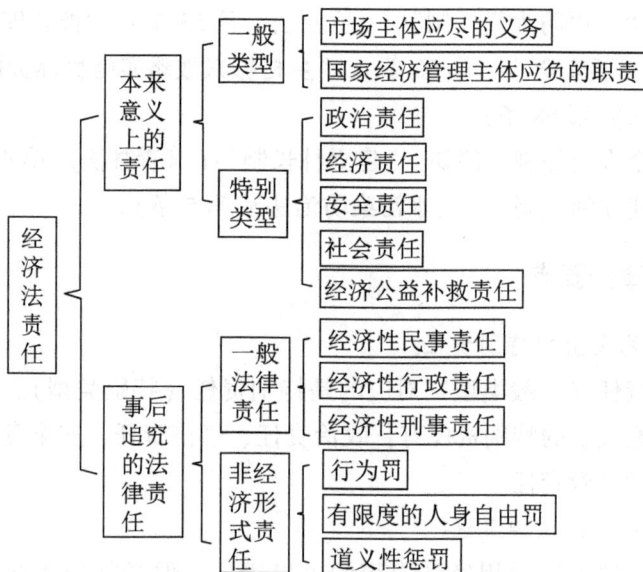

图 6-1　经济法责任类型化构造图

2. 风险应对与纠纷解决并举：构筑经济法的补救之道

对于不以人的意志为转移的公共性灾难，采取政府补救、市场自救、社

---

〔1〕　详见［法］阿莱克西·雅克曼、居伊·施朗斯：《经济法》，宇泉译，商务印书馆 1997 年版，第 101~110 页。

会施救等风险应对措施，共同构筑经济法"补救之道"，达到国民经济循环恢复畅通的补救总体效果、受损失者得以恢复发展的补救个体效果。

对国民经济运行、治理中发生的经济纠纷，有关当事人可以通过协商、调解、仲裁、诉讼等途径解决。对经济公共利益造成侵害或者有侵害危险的案件，可依法提起经济公益诉讼。

以上表明，经济法承接并跨越传统民法、行政法，作出了重大创新。

第一节　责任的确定

一、责任的含义

如前所述，"责任"一词，具有双重含义。经济法中，对"责任"一词应作出完整的、准确的规定。必须特别指出，传统法理学对于"责任"的诠释只限于"事后追究责任"这一种内涵。这就使人们一提到"责任"便联想到"法律责任"。此乃误解。应当以立法形式还原"责任"的完整含义。当然，也可换一种说法，即把"分内的事"称为"积极意义上的法律责任"，把"不利后果"称为"消极意义上的法律责任"。但是，许多法律的倒数第二章"法律责任"，仅就追责而定。比如，《反垄断法》第七章"法律责任"、《反不正当竞争法》第四章"法律责任"、《消费者权益保护法》第七章"法律责任"、《预算法》第十章"法律责任"、《中国人民银行法》第七章"法律责任"、《审计法》第六章"法律责任"、《农业法》第十二章"法律责任"、《外商投资法》第五章"法律责任"等等。故而，还是应将"责任"与"法律责任"分开来表述。即"责任"是广义的，"法律责任"是狭义的；"责任"包括但不限于"法律责任"。

立法建议如下：

第 199 条 [责任的双重界定]

本法所称责任，具有双重含义：
（一）本来意义上的责任，即义务、职责；
（二）事后追究的责任，即法律责任。

二、追责条件

现有各类单行的经济法律法规都有"法律责任"章节。追究法律责任是一件很严肃的事，不能随意定夺之。对事后追究法律责任的条件，必须明确规定，如主观层面、客观层面，以及因果关系等。与传统民法、刑法等相比，我们对经济法追责条件的研究深度还不够，对具体细节（如经济损失）的认定还需要进一步量化。

立法建议如下：

第 200 条［追究责任的条件］

违反法律规定，造成经济损失，必须追究相应的法律责任。

三、免责理由

法律既考虑一般，也考虑例外，例外主要指免除法律责任、减轻法律责任。作为"例外"，对承担法律责任的减免情形，必须作出具体界定。免除承担法律责任要考虑法定权限、法定程序、重大经济损失等因素，减轻责任要考虑经济损失情况。此处对免责情形的规定比较简单，意在督促相关经济法主体自觉履行义务、职责。

立法建议如下：

第 201 条［减免责任的情形］

免除承担法律责任的情形是：

（一）没有违反法定权限和法定程序；

（二）没有造成重大经济损失；

（三）不可抗力。

存在违反法定权限和法定程序，但造成经济损失情况轻微的，可以酌情减轻责任。

第二节　本来意义上的特别责任

首先，必须了解本来意义上的通常责任，这就是市场主体的义务、国家经济管理主体的职责。除此之外，应当着重注意，经济法中还存在本来意义上的特别责任，如政治责任、经济责任、安全责任、社会责任、经济公益补救责任等。

一、政治责任

政治责任既可能属于义务性质，又可能属于不利后果性质。这里要明晰政治责任的概念，鉴于法律实施中的具体情况，应根据党政纪律规定去落实。对处于发展中的中国来说，当前最大的政治任务就是开启全面建成社会主义现代化强国的新征程，而中心任务则仍是经济建设。为此，着力防范化解重大风险、防范化解经济发展风险至为要紧。笔者认为，"国民经济发展"应成为一种政治责任。

立法建议如下：

第202条 [国民经济发展政治责任]

国民经济发展政治责任是指，国家经济管理主体及其党政主要领导人员在履行职责、职务过程中，对维护国家基本经济制度、作出重大公共经济决策和应对经济发展风险应负的宪制责任。

国家经济管理主体及其党政主要领导人员违反中央统一领导和战略决策，违反法定权限和法定程序，缺位、错位或者越位，造成国民经济重大损失的，对其追究相应的政治责任。

二、经济责任

领导人员任职经济责任既属于义务性质，又可能属于不利后果性质。可以先由党政纪律规定解决；应当追究法律责任的，由法律规定。任职经济责任适用于党政组织和国有企业、事业单位主要领导人员。任职经济责直接责任、主要领导责任、重要领导责任。任职经济责任是对相关领导人员的鞭策，旨在提高其责任感、使命感。

立法建议如下：

第203条 [任职经济责任]

任职经济责任是指，党政组织和国有企业、事业单位主要领导人员在任职期间因其所任职务，依法对本地区、本部门（系统）、本单位的财政收支、财务收支以及有关经济活动应当履行的职责、义务。

对党政组织和国有企业、事业单位主要领导人员实行任职责任离任审计。

根据审计中发现的问题，界定有关领导人员应当承担的直接责任、主要领导责任、重要领导责任。

特定经济领域的管理责任，必须落实到人（执行者），保障行使职权，便于监督检查。其中，在资源环境方面，如河长制、湖长制、林长制；在交通方面，如路长制。这些经济领域都是"空间感"强，能够有效划分区块，便于具体操作的领域。自2016年起，国家决定全面推行河长制、湖长制和林长制。执行者应当充分意识到自身肩负的管理责任，具备特定领域的管理能力，提高管理水平，增强责任感、使命感。

立法建议如下：

第204条 [特定经济领域管理责任]

国家对特定经济领域设立专门管理责任制，包括：

（一）河长制（联合河长制）、湖长制、林长制；

（二）路长制。

现行《宪法》第14条规定，国家"实行各种形式的社会主义责任制"。经济法应当贯彻、体现这一规定，促使市场主体自觉提高经济效益。"经济效益"不只看经济效率，还要看经济效果（形式效果与实质效果），要有量化评估指标。新型的经济效益责任如某些经营制、绩效管理、承诺责任。经济效益责任主要属于义务性质，出了问题则要承担不利后果。

立法建议如下：

第205条 [经济效益责任]

国家实行各种形式的经济效益责任制，包括：

（一）承包经营制、租赁经营制；

（二）合作经营制；

（三）预算绩效管理；

（四）各种承诺责任书。

违反经济效益责任制的，按照相关法律和协议、合同、承诺书承担经济责任。

三、安全责任

安全责任既可以属于义务性质，又可能属于不利后果性质。可以先由党政纪律规定解决；应当追究法律责任的，由法律规定。经济安全责任可被分为基本经济安全责任、重点经济安全责任、公共经济安全责任。基本经济安全责任涉及基本经济制度、市场经济秩序和重大经济利益等方面。越是扩大对外开放，越要加强安全保障。实行安全审查制度，如外商投资国家安全审查、反垄断审查。实行清单制度，如国家技术安全清单、不可靠实体清单。

立法建议如下：

第206条 [基本经济安全责任]

建立基本经济制度、市场经济秩序和重大经济利益的国家安全责任制度。

实行外商投资国家安全审查、反垄断审查和国家技术安全清单管理、不可靠实体清单等制度。

重点经济安全领域如下：一是粮食安全。粮食安全党政同责、粮食安全省长责任制进一步明确了省级及省级以下人民政府在维护国家粮食安全方面的特别责任，是经济法制度的一项特色。中央强调："落实'米袋子'省长责任制和'菜篮子'市长责任制。"〔1〕二是自然资源安全、生态环境安全。除了突发事件之外，自然资源破坏、生态环境恶化在短时间内不容易被评估、判定。自然资源安全、生态环境安全需要特别规定离任审计、终身追责审计加以保障。三是财政金融安全。2021年4月30日，中共中央政治局会议提出，建立地方党政主要领导负责的财政金融风险处理机制。将财政金融同时纳入重点安全责任范畴，建立相应的风险处理负责制。

立法建议如下：

第207条 [重点经济安全责任]

全面落实粮食安全省级党政主要领导人员同责、粮食安全省长责任制。

对地方党政组织主要领导人员实行自然资源资产保护离任审计，实行生态环境损害终身追责审计。

建立地方党政主要领导人员对财政、金融风险处理负责制。

在生产、矿山、交通运输、食品药品安全、生物安全等公共经济领域，安全问题都是比较严峻的。此外，数据安全问题也日益引起关注。我国制定了《网络安全法》《数据安全法》，以加强网络安全监管、数据安全监管，相应地落实网络安全责任、数据安全责任。需要根据公共经济领域的具体情况，建立健全党政主要领导人员安全责任制，它既可能属于义务性质，又可能属于不利后果性质。正确处理党政纪律和法律责任的关系，可以先由党政纪律规定解决，应当追究法律责任的则由法律规定。

立法建议如下：

第208条 [公共经济安全责任]

完善和落实生产、矿山、交通运输等领域的安全责任制度，实行党政主要领导人员同责，一岗双责，失职追责。

---

〔1〕 习近平：《在统筹推进新冠肺炎疫情防控和经济社会发展工作部署会议上的讲话》（2020年2月23日）。

完善和落实食品药品安全责任制度，实行地方党政组织主要领导人员食品药品安全责任制。

健全生物安全责任制度，实行第一责任人制度。

加强网络安全、数据安全审查，落实网络安全责任、数据安全责任。

四、社会责任

"任何企业存在于社会之中，都是社会的企业。"[1]企业作为"社会公民"，需要履行社会责任。企业社会责任，顾名思义，是企业对广义社会、对利益攸关者应尽的义务，是法律义务与道德义务的结合。各类企业都应根据法律要求承担社会责任，国有企业更要带头。社会责任制度正在逐步普及，促使企业自觉提高企业形象，进而提升本土企业的国际竞争力。

立法建议如下：

第209条 [各类企业的社会责任]

国有企业和其他各类企业，都应当依法自觉承担社会责任。

企业社会责任包括：

（一）对国家的特定责任；

（二）对社会公共事业的特定责任；

（三）对发生经济交往的当事人对方的特定责任；

（四）对本企业投资者、管理者、员工的特定责任。

五、经济公益补救责任

1. 经济公益补救的范围及标准

发生不以人们意志为转移的突发公共事件是难免的。鉴于经济法的社会本位特征，必须设置"经济公益补救"这一特别责任。需要考虑突发公共事件的类型，具体如下：一是自然灾害（如台风、洪水、地震）；二是疫情（如全球新冠病毒肺炎疫情）；三是资本市场剧烈波动（如美国次贷危机对

---

[1] 习近平：《在企业家座谈会上的讲话》（2020年7月21日）。

全球资本市场的冲击）。相应地，国家应明确界定经济公益补救的范围，合理评估相关补救标准。

立法建议如下：

第210条［经济公益补救的范围及标准］

经济公益受到重大损失，必须采取应急措施予以补救。

经济公益补救的范围包括：

（一）救险、救灾、救难；

（二）救疫（抗疫）；

（三）必需的救市。

发生上述意外事件时，应当组织专门评估，作为经济公益补救标准的依据或者参照。

2. 补救路径

政府补救属于经济公益的一种补救路径。在公共性灾难面前，政府的作用非常重要。基于经济公共利益的要求，政府必须采取有效措施，弥补公共性灾难给国民经济造成的损害、损失。应急素养考验政府的执政能力，政府补救经济公益成为检验政府经济管理水平的重要标准。

立法建议如下：

第211条［经济公益补救路径之一：政府补救］

政府应当采取有效措施，弥补公共性灾难等外部原因给国民经济造成的损害或者损失，法律另有规定者除外。

市场自救属于经济公益的一种补救路径。市场配置资源发挥决定性作用，市场主体自救必不可少。市场主体不能消极、被动地"等靠要"，而必须立足于自身实际，充分发挥主观能动性，积极采取主动措施来弥补损害、损失。市场主体自救的有些损失是具有公共性质的。即使是私人损失本身，如果处理不当，也会扩展为公共损失。市场主体自救既是对自己负责，同时也是对社会负责。

立法建议如下：

第212条 [经济公益补救路径之二：市场主体自救]

企业等市场主体应当采取主动措施，弥补因公共性灾难给自己造成的经济损害或者损失，法律另有规定者除外。

社会施救属于经济公益的一种补救路径。在补救路径之中，社会力量越来越重要。社会施救在市场与政府之间搭建沟通桥梁，发挥社会参与、社会监督的作用。同时，社会施救也是社会文明、社会进步的重要体现，经济法要给予充分关注、积极吸纳。

立法建议如下：

第213条 [经济公益补救路径之三：社会施救]

社会各界应当积极伸出援手，参与弥补由公共性灾难造成的经济损害或者损失，法律另有规定者除外。

3. 补救效果

经济公益补救是《经济法典》"总则"的责任创新，补救效果既要考察国民经济的整体效果，也要关注个体获得的经济救助效果，促进国民经济循环恢复畅通与个体经济救助的有机统一。经济公益补救体现经济法中生存权与发展权的结合，体现经济公共利益的保护需求。

立法建议如下：

第214条 [经济公益补救效果]

经济公益补救的整体效果，应当达到国民经济循环恢复畅通。

经济公益补救的个体效果，应当使受损害或者受损失者得到应有的经济救助，在保障生存的基础上恢复发展。

第三节 事后追究的法律责任

一、一般法律责任（民事、行政、刑事）的适用

1. 经济性民事责任

在经济法中适用的民事责任，指的是经济内容的民事责任。除了停止违约、继续履行、停止侵权等，还引入了惩罚性赔偿，并设置兜底性规定，在私法空间上提供更为周全的保障。新兴法律部门如经济法、社会法均适用民事责任是对民法的承接，并且有所超越。

立法建议如下：

第 215 条 [经济性民事责任的适用]

违反经济法适用的民事责任有：

（一）停止违约，继续履行；

（二）停止侵权，纠正侵害；

（三）赔偿或者补偿实际损失；

（四）惩罚性赔偿；

（五）采取实际补救措施；

（六）法律规定的其他经济性民事责任。

必须区分民事责任中的补偿性与惩罚性。补偿性符合一般追责理念，弥补相关损失。惩罚性属于特定情形，在弥补损失之外，还要显示惩戒功能。惩罚性赔偿是对民事赔偿制度的创新，适用于消费者保护、食品安全等领域。不同性质、不同类型的经济案件，赔偿倍数应是不同的，不能"一刀切"，需要结合法律实践进行量化评估。

立法建议如下：

第 216 条 [民事责任的补偿性与惩罚性]

追究民事责任，必须分清补偿性与惩罚性，不得以赔代罚。惩罚性赔偿必须符合法律规定，不得以约定代替。

除了独立承担责任，责任承担方式还有其他情形，如连带责任、担保责任、补充责任。连带责任对每个当事人提出对外的全面责任约束。担保责任是针对主债权进行担保，其中许多属于连带担保。补充责任则体现追责的不同顺位要求。在经济法视野下，这些责任形式均各具相应的责任性质、适用领域、适用情形，不可混淆。

立法建议如下：

第 217 条 [连带责任、担保责任、补充责任]

按照法律规定和当事人约定，除独立承担责任外，还可以实行连带责任、担保责任和补充责任。

2. 经济性行政责任

在经济法中适用的行政责任，指的是经济内容的行政责任。此类行政责任体现经济性特征，有多种表现形式，如警告、罚款、强制措施。立法采取"列举式+兜底性条款"的模式，既具体列举经济性行政责任类型，又兜底式地规定其他经济性行政责任。在适用经济性行政责任时，务必要做到合法、合理，杜绝滥用行政权力。

立法建议如下：

第 218 条 [经济性行政责任的适用]

违反经济法适用的行政责任有：

（一）警告；

（二）罚款，没收违法所得、没收非法财物；

（三）责令停产停业、责令关闭；

（四）暂扣或者吊销许可证件；

（五）查封场所、设施或者财物，扣押财物，冻结或者强制划拨存款、汇款，以及其他经济性的行政强制措施；

（六）法律规定的其他经济性行政责任。

国家经济管理主体可能出现对市场主体经济权益的侵犯、损害，随之面临赔偿救济问题。这里引入国家赔偿制度，有助于督促国家经济管理主体依法管理，保护市场主体经济权益。国家经济赔偿制度为市场主体发展提供后盾保障，体现人民至上。

立法建议如下：

第 219 条［国家经济赔偿］

国家经济管理主体在执行公务过程中，侵犯、损害市场主体的经济权益，按国家赔偿法的规定给予赔偿。

3. 经济性刑事责任

严重的经济问题单靠民事责任、行政责任加以追究是不够的，还需要通过刑法进行规制。现实中经济类犯罪情况复杂，刑法中的经济类刑名不少。数字时代，高科技犯罪问题影响国家经济安全，后果相当严重。需要特别指出，在经济领域中需要适用刑事责任，但经济法本身对刑事处罚不作具体规定。

立法建议如下：

第 220 条［经济性刑事责任的适用］

违反经济法的行为已构成刑事犯罪的，依照刑法相关规定追究刑事责任。

4. 各种责任之间的关系

在探讨上述各类责任类型之后，需要对经济领域适用法律责任的不同性质作出规定。在公法责任之中，必须严格、准确区分经济违法与经济犯罪，不得混淆。该适用行政处罚的就适用行政处罚，该处以刑事处罚的就处以刑事处罚。不能随意处以刑事处罚，但也不能以行政处罚代替刑事处罚。各种责任不能相互替代，依法切实保护企业家、保护市场主体、保护社会生产力。

立法建议如下：

第 221 条［各种责任不能相互替代］

严格划分经济违法与经济犯罪的界限，不得将违法与犯罪混淆，也不能用行政处罚代替刑事处罚。

与此同时，需要对经济领域适用法律责任的顺序作出规定。经济领域的法律责任涉及民事责任、行政责任、刑事责任等，具有相应的制度规定。如果同一违法犯罪经济案件涉及多种法律责任、其财产不足以支付，应当采取先行承担民事责任原则，保护私法空间的合法权益。责任序位是法理学上的重要问题，同时也是经济法基础理论需要破解的问题。

立法建议如下：

第 222 条［先行承担民事责任］

同一违法犯罪经济案件，涉及民事责任、行政责任、刑事责任的，其经济问题的处理，先行承担民事责任。

二、非经济形式责任的引入

1. 行为罚

非经济形式责任需要被逐步引入经济法责任体系，行为罚即属于非经济形式责任。行为罚着眼于"行为"，是非经济形式责任的基本类型。宣告所涉行为无效，由行为无效带来的不利后果，由当事人依法承担。强制实施某种补救行为，目的在于补救，即通过强制实施该行为来恢复应有的状态。

立法建议如下：

第 223 条［非经济形式责任之一：行为罚］

行为罚包括：

（一）宣告所涉行为无效；

（二）强制实施某种补救行为。

2. 有限度的人身自由罚

有限度的人身自由罚也属于非经济形式责任，即从限制人身自由的角度对经济违法行为人进行惩罚。比较典型的形式如限制外出、出境，这是对违法失信等情形的惩戒。但是，人身自由罚必须有限度，不得超出界限，不能违反设立这一责任形式的初衷。这里的"界限"即法律规定的强制性措施的"度"。

立法建议如下：

第224条 [非经济形式责任之二：有限度的人身自由罚]

对违法失信等当事人的人身自由行动（外出、出境）依法予以约束，但不得超出法律规定的强制性措施的限度。

3. 道义性惩罚

道义性惩罚也属于非经济形式责任，即从道义上对经济违法行为进行资格、名誉、荣誉等惩戒。资格降等会导致主体权限、主体行为受限，资格取消则意味着退出相关市场。名誉取消是一种负面的社会评价，影响市场主体的经济声誉、品牌形象。荣誉降级或者取消是对市场主体获得的成就、地位的负面评价。

立法建议如下：

第225条 [非经济形式责任之三：道义性惩罚]

道义性惩罚包括：
（一）资格降等或者取消；
（二）名誉取消；
（三）荣誉降级或者取消。

第四节　经济纠纷解决

一、经济纠纷类型

经济纠纷的类型日益多样化、复杂化。将"解决经济纠纷"原则性地写入经济法实体法，有助于保障处理后果的完整性。可以参考现有一些经济立法规定。例如，《产品质量法》第 47 条"质量纠纷解决方式"，《消费者权益保护法》第六章"争议的解决"，《农村土地承包法》第四章"争议的解决和法律责任"，《水法》第六章"水事纠纷处理与执法监督检查"，《电子商务法》第四章"电子商务争议解决"，《旅游法》第八章"旅游纠纷处理"。因此，认为经济法的实体法不能规定若干程序法的要求，此种误解可以消除。

立法建议如下：

第 226 条 [经济纠纷类型]

经济纠纷的类型可以分为：

（一）市场主体之间在国民经济运行中发生的经济纠纷，属于《民法典》规定的民事纠纷除外；

（二）市场主体与国家经济管理主体之间在国民经济治理中发生的经济纠纷；

（三）法律规定范围的群体性经济纠纷。

二、经济纠纷解决方式

1. 经济纠纷的一般解决方式

经济纠纷的解决方式有协商、调解、仲裁、诉讼等，其中协商、调解、仲裁属于非诉纠纷解决方式。在数字时代，全面引入智慧调解、智慧仲裁、智慧诉讼，有助于提高经济纠纷的解决效率。政府对经济纠纷执法性质的处理，体现政府执法的特别职能，这与民法实施的情况是不同的。金融法院、税务法院、互联网法院等新型法院、法庭也要逐步建立，以完善经济纠纷的解决方式。

立法建议如下：

第 227 条 [经济纠纷解决方式]

对于国民经济运行、治理中发生的经济纠纷，有关当事人可以通过协商、调解、仲裁、诉讼等途径解决。

政府执法机关依法处理特定范围的经济纠纷，可以作出调解书、行政决定书。

设立经济专业审判机构，发展金融法院、税务法院、互联网法院。

2. 经济公益诉讼

民事诉讼法、行政诉讼法已分别引入民事公益诉讼、行政公益诉讼。经济法中必须引入经济公益诉讼，以加强对经济公共利益的法律救济。经济公益诉讼需要注意以下几点：一是原告资格。经济公益诉讼的原告资格目前为法定机关（如检察机关）、法定组织（如行业组织、消费者协会）。二是诉由。经济公益诉讼的诉由是侵犯经济公共利益，经济公共利益要与经济私人利益、经济集体利益等区分开来。三是激励机制。需要对举证责任配置、专家支持、诉讼费用减免等作出明确规定。

立法建议如下：

第 228 条 [经济公益诉讼]

经济公益诉讼，是指不特定的当事人群体因经济公共利益受到不当损害而引起的诉讼。

行政机构或者其他单位违法行使权力（或者权利）而对经济公共利益造成侵害或者有侵害危险的案件，以及经营者违法或者不正当交易、竞争而对经济公共利益造成侵害的案件，可依法由法定的机关、组织提起经济公益诉讼。

3. 涉外经济纠纷处理

在双循环背景下，涉外经济活动日益增多，涉外经济纠纷需要妥善处理，这关系到我国的对外形象与切身权益，因而应展现大国担当。涉外经济纠纷具有涉外因素，纠纷处理遵守一般法的规定，但更需要适用相关法律的特别安排。

立法建议如下：

第 229 条［涉外经济纠纷处理的特别规定］

处理涉外经济纠纷遵守本法；法律另有规定的除外。

三、经济纠纷解决程序

处理经济纠纷应建立和执行专门程序。协商、调解、仲裁、诉讼等经济纠纷解决方式，都要与实体法相适应，适用相应的处理机制。只有将经济诉讼程序法落到实处，《经济法典》才能最终落到实处。金融法院、税务法院、互联网法院等属于全新模式，程序安排要有制度灵活性，具体问题具体对待，以更好地解决金融、税务、互联网方面的特殊法律纠纷。

立法建议如下：

第 230 条［经济纠纷解决程序安排］

国家建立和完善与实体法相适应的经济诉讼与非诉讼程序法。

在解决经济纠纷的各种方式中，适用相应的处理程序。

附　则

一、人类命运共同体经济治理范本

"人类命运共同体"是全人类的利益共同体，也是责任共同体。我国积极参与全球经济治理，加强国际经济合作，在国际经济活动中争取更多的制度话语权。展现中国市场经济成功发展的制度经验，提供中国发展的经济范本。积极探索如何发展世界经济法，关注人类共同发展的法治命题。构建人类命运共同体、创立世界经济法，必须求同存异、包容发展，建设持久和平、普遍安全、共同繁荣、开放包容、清洁美丽的世界。中国愿以本《经济法典》作为人类命运共同体经济治理范本建议方案。

立法建议如下：

第 231 条 ［人类命运共同体经济治理范本］

中国积极参与全球经济治理，与联合国各成员国及国际组织合作，以"一带一路"为实践平台，推动构建人类命运共同体。

立足共同体全局，求同存异，包容发展，中国愿以本法作为人类命运共同体经济治理方案建议。

二、本法施行时间

遵循立法规律，在附则中规定本法的施行时间。

立法建议如下：

第 232 条 ［本法施行时间］

本法自 年 月 日起施行。

结 语

第一节 基本结论

一、纲领性：纲举目张之立法导向

《经济法典》"总则"是经济法总体视野的法理概括，体现纲领性。

指引社会主义市场经济的法治走向。"总则"奠定社会主义市场经济发展的法理基础，规定市场经济发展的原则、主体、权利、行为、责任，为中国经济长远发展、中华民族繁荣富强提供强有力的法律保障。

促进经济法集成化。先行制定"总则"，填补法律空白点。在"总则"基础上研究制定"分则"。"总则"指导"分则"，"分则"将"总则"落实到具体制度，进而促进整个经济法体系的完善。

二、时代性：国民经济运行之法律指南

《经济法典》"总则"是经济法总体形象的法律载体，充满时代性。

"十四五"规划和2035年远景目标正向我们招手，我们要乘势而上、顺势而为。

数字时代。数字时代已经到来，国家应加快推进数字科技战略，将数字科技全面适用于国民经济发展，实现国民经济信息化、数字化。在此意义上讲，"总则"即数字经济法的基本指南。

宏观经济治理。在"总则"层面规定宏观经济治理，依法把握宏观经济大局，提升宏观经济治理能力，确保经济调节的科学性。

乡村全面振兴。在"总则"层面推进乡村全面振兴，守护粮食安全，加快农业农村现代化，实现城乡全面发展，从而推动城乡经济的协调发展。

双循环。以国内大循环为主体，国内国际双循环相互促进，充分利用国内外经济资源。在新发展格局中，维护国家经济主权，为"双循环"提供

"总则"支持。

三、民族性：中国市场经济建设成功之法治模式

《经济法典》"总则"是经济法总体功能的法治重器，彰显民族性。

中国模式的巨大成功举世瞩目，经济法功不可没。《经济法典》"总则"凝聚中国模式的成功经验，总结和拓展中国走向全面现代化的方案。

全面建成社会主义现代化强国。通过"总则"保障国民经济在法治轨道上运行，推动高质量发展、就业充分、物价稳定、国际收支平衡和生态环境良好。

体现中国特色社会主义市场经济原则。立法者应在"总则"中规定科学发展原则、公平分配原则、安全保障原则、经社一体原则。

推进共同富裕的制度安排。"总则"坚持公有制为主体、多种所有制经济共同发展，坚持按劳分配为主体、多种分配方式并存，实行社会主义市场经济，不断满足全体人民日益增长的物质文化生活需要，推进共同富裕。

实现中国发展权。依照"总则"的规定维护国家主权、安全、发展利益，以相互平等为前提发展对外经贸关系，保障中国发展权的实现。

四、世界性：人类命运共同体经济发展之法例样本

《经济法典》"总则"是经济法总体愿景的活力示范，蕴含世界性。

中国提出的"构建人类命运共同体"，在全世界得到了热烈响应。中国的《经济法典》"总则"就是要将共同利益、共同责任表达出来，体现中国担当、中国呼吁，促进世界和平与发展，产生持久的世界性影响。

提升对外开放格局。在"总则"层面展现对外开放的宏大格局，依法维护对外经济秩序，积极搭建对外开放平台，体现大国自信、大国担当。

参与全球经济治理。应将自信参与全球经济治理、促进国际经济交流合作、积极参与国际经济规则的制定、加强涉外法治建设纳入"总则"的规定之中。

全球化中的经济风险应对。在经济全球化大背景下，应在"总则"层面设计应对基本经济领域、重点经济领域、公共经济领域的各类风险，以最大限度地维护国家经济安全。

中国的《经济法典》可以为解决人类发展问题贡献中国式的经济、法治智慧。可以相信，中国《经济法典》的历史意义，将会大大超越两个世纪前的《法国民法典》。这是时代决定的。

第二节　创新之处

一、从管理到发展：经济法定位创新

经济法调整国民经济运行中产生的经济关系，包括基础性关系和管理性关系，是国民经济发展法、分配法、安全法，可以有效推动国民经济高质量发展。

经济法定位的创新之处在于，在全面建成社会主义现代化强国新征程中，经济法以国民经济发展法的定位呈现。

二、从单一权利到复合权利：经济法权利创新

以经济发展权为核心，经济发展权、经济分配权、经济安全权三位一体。在此基础上，不断拓新经济法主体的具体权利类型。

经济法权利的创新之处在于，构建经济法基本权利链，有效实现发展权。

三、从单个行为到互联互动：经济法行为创新

市场主体行为类型包括市场交易、市场竞争、市场合作，国家经济管理主体完善宏观经济治理。市场主体与国家经济管理主体，立足于国内循环，利用国内国际两种经济资源，构成新发展格局。经济法行为的互联互动，体现经济调节的科学性、市场运转的有序性。

经济法行为的创新之处在于，互联互动构成双循环的新发展格局，提高国民经济运行活力。

四、从全面追责到积极履责：经济法责任创新

本来意义上的特别责任，应当引入政治责任、经济责任、安全责任、社

会责任、经济公益补救责任等特色类型。事后追究的法律责任如一般法律责任（民事、行政、刑事）、非经济形式责任（行为罚、有限度的人身自由罚、道义性惩罚）。

经济法责任的创新之处在于，积极履责与全面追责并用，协力保障国民经济高质量发展。

五、从分力到总力：经济法制度力量创新

健全市场运行制度、宏观经济治理制度、供求循环制度、收入分配制度、经济安全保障制度。前三个制度板块主要对应经济发展权，依次发挥微观导向功能、战略决策功能、动态平衡功能；第四个制度板块主要对应经济分配权，发挥共同富裕功能；第五个制度板块主要对应经济安全权，发挥应对风险功能。这样的制度合力，既包括每一个板块之内的制度合力，又包括各个板块之间的制度合力，必定能够展现"1+1+1+1+1>5"的系统力量。

经济法制度力量的创新之处在于，五大板块对应实现经济法"三权"，发挥经济法治系统工程的制度合力。

展望未来，我们坚信——中国《经济法典》在世界法制史上是一大创新，必将"领先世界"。

从时间上考察。我国已确定了 2035 年的远景发展目标，如能在今后的15 年之内全力制定出总结市场经济成功之道的《经济法典》"总则""分则"，最终形成《经济法典》，便是走在了全世界前面。制定《经济法典》及其配套立法，依法统筹促进国民经济高质量发展，我们对全面建成社会主义现代化强国的第二个百年奋斗目标充满信心。

从空间上考察。《经济法典》将提炼中国市场经济成功发展的制度经验，成为实现中华民族伟大复兴的经济宪章。《经济法典》将为其他发展中国家的发展提供经济借鉴，有助于发展中国家立足本国实际实现高质量发展。《经济法典》可成为构建人类命运共同体的经济治理范本。

本书绪论指出，《经济法典》"总则"致力于设计当代经济法的整体形象，为国民经济的高质量发展提供法律支撑。我们坚信，中国的《经济法典》领先探索解决法学界的"哥德巴赫猜想"，必将造福全人类。

第三节　未来研究方向

一、《经济法典》"分则"研究

1. 基本设计

如前所述，《经济法典》"分则"由5个板块组成。

市场运行制度：市场基础、市场交易及其监管、市场竞争及其监管、市场合作及其监管、市场主体发展、消费者权益保护等方面的法律制度。

宏观经济治理制度：国民经济和社会发展规划（计划）、产业发展、科技创新、数字经济、房地产业发展、就业促进、财政、税收、货币金融、国有资产资源管理利用、区域发展、新型城镇化、乡村振兴等方面的法律制度。

供求循环制度：消费、投资、对外经济开放等方面的法律制度。

收入分配制度：工资、生产要素市场贡献报酬等方面的法律制度。

经济安全保障制度：国家经济安全保障、经济监督等方面的法律制度。

2. 理想型分则与实在型分则

从某种程度上讲，"分则"比"总则"的设计难度更大，因它涉及海量经济法律规范的合乎逻辑的组合。我们一直苦苦思索着，构建《经济法典》"分则"框架体系，何为"理想型"，何为"实在型"，这两者如何尽可能统一起来？"理想型"分则是要把各类经济法规范的精要内容归入"五大板块"之中；"实在型"分则是要对重要的单行经济法律进行整体接纳并加以必要改造，其他经济法律可作单行法律继续存在。也许，5个模块只是"理想型"的《经济法典》"分则"。但是，"理想"并不是空想，也不是幻想，5个板块完全以国家经济立法为基石，只是如何组合更为科学而已。

在"一总五分"的系统思维下，形成"经济法整体制度"的新力量。"整体经济法论"贯穿于《经济法典》的总则和分则。总则、分则统筹设计，"分则"的制定意味着《经济法典》最后完成，必将是人类经济法制史上的一座里程碑。

二、经济法集成化学术史研究

1. 国外

回顾国外经济法集成化的研究历程。分析已有的法典化实践，如《捷克斯洛伐克经济法典》（1964 年）、[1]《苏联经济法典》编纂的学术研究。

2. 中国

中国经济法集成史，是改革开放以来经济法发展史的集中体现，是中国市场经济成功经验的思想研究、制度研究。重点梳理《经济法纲要》（1985年提出）、《经济法通则》（2018 年推出）、《经济法典》（2022 年先行推出"总则"，其后再推出"分则"）。在中国经济法集成史研究的过程中传承、创新老一辈经济法学家的经济法思想，为年轻学人继往开来提供学术启迪。

凡是过往，皆为序章。

《经济法典》总则研究、《经济法典》分则研究、经济法集成化学术史研究，环环相扣、逐步推进，有望构成新型的、系统的"经济法论"。

时势造英雄，英雄造时势。未来已来！

---

〔1〕 中国社会科学院法学研究所民法研究室编：《捷克斯洛伐克社会主义共和国经济法典》，江平译，谢怀栻校，中国社会科学出版社 1981 年版。

立法渊源：现行经济法律名称选录[1]

一、宪法中关于经济的条款（"经济宪法"）

国家实行社会主义市场经济。

国家加强经济立法，完善宏观调控。

国家依法禁止任何组织或者个人扰乱社会经济秩序。

——《中华人民共和国宪法》第 15 条（1993 年 3 月 29 日八届
全国人大一次会议修正）

二、市场运行制度板块

（一）市场基础法律制度

√1. 价格法（1997 年 12 月 29 日）

√2. 产品质量法（2018 年 12 月 29 日修正）

√3. 计量法（2018 年 10 月 26 日修正）

√4. 标准化法（2017 年 11 月 4 日修正）

√5. 资产评估法（2016 年 7 月 2 日）

√6. 广告法（2021 年 4 月 29 日修正）

（二）市场交易及其监管法律制度

√7. 电子商务法（2018 年 8 月 31 日）

√8. 烟草专卖法（2015 年 4 月 24 日修正）

（三）市场竞争及其监管法律制度

√9. 反垄断法（2007 年 8 月 30 日）

---

［1］本附件是笔者自行归纳总结。其中，打"√"为全国人大常委会法工委按法律部门分类（至 2021.06.10）中的"经济法"，共 79 件；按司法部的法律法规分类，则"经济法"还包括"△"，参见司法部编：《新编中华人民共和国常用法律法规全书（2021 年版）》，中国法制出版社 2020 年版，目录第 10～13 页。

√10. 反不正当竞争法（2019 年 4 月 21 日修正）

（四）市场主体发展法律制度

√11. 企业国有资产法（2008 年 10 月 28 日）

√12. 中小企业促进法（2017 年 9 月 1 日修正）

√13. 乡镇企业法（1996 年 10 月 29 日）

（五）消费者权益保护法律制度

△14. 消费者权益保护法（2013 年 10 月 25 日修正）

三、宏观经济治理制度板块

（一）国民经济和社会发展规划（计划）法律制度

15. 城乡规划法（2019 年 4 月 23 日修正）

√16. 统计法（2009 年 6 月 27 日修正）

（二）产业发展法律制度

√17. 电力法（2018 年 12 月 29 日修正）

√18. 煤炭法（2016 年 11 月 7 日修正）

√19. 石油天然气管道保护法（2010 年 6 月 25 日）

√20. 铁路法（2015 年 4 月 24 日修正）

√21. 公路法（2017 年 11 月 4 日修正）

√22. 航道法（2016 年 7 月 2 日修正）

√23. 港口法（2018 年 12 月 29 日修正）

√24. 民用航空法（2021 年 4 月 29 日修正）

√25. 邮政法（2015 年 4 月 24 日修正）

√26. 旅游法（2018 年 10 月 26 日修正）

27. 电影产业促进法（2016 年 11 月 7 日）

28. 城市房地产管理法（2019 年 8 月 26 日修正）

√29. 建筑法（2019 年 4 月 23 日修正）

（三）科技创新法律制度

30. 科学技术进步法（2007 年 12 月 29 日修正）

31. 促进科技成果转化法（2015 年 8 月 29 日修正）

32. 科学技术普及法（2002 年 6 月 29 日）

√33. 循环经济促进法（2018 年 10 月 26 日修正）

√34. 清洁生产促进法（2012 年 2 月 29 日修正）

（四）就业促进法律制度

35. 就业促进法（2015 年 4 月 24 日修正）

（五）财政法律制度

√36. 预算法（2018 年 12 月 29 日修正）

√37. 政府采购法（2014 年 8 月 31 日修正）

√38. 会计法（2017 年 11 月 4 日修正）

√39. 注册会计师法（2014 年 8 月 31 日修正）

（六）税收法律制度

√40. 企业所得税法（2018 年 12 月 29 日修正）

√41. 个人所得税法（2018 年 8 月 31 日修正）

√42. 烟叶税法（2017 年 12 月 27 日）

√43. 全国人大常委会关于外商投资企业和外国企业适用增值税、消费税、营业税等税收暂行条例的决定（1993 年 12 月 29 日）

√44. 资源税法（2019 年 8 月 26 日）

√45. 耕地占用税法（2018 年 12 月 29 日）

√46. 车船税法（2019 年 4 月 23 日修正）

√47. 车辆购置税法（2018 年 12 月 29 日）

√48. 船舶吨税法（2018 年 12 月 26 日修正）

√49. 契税法（2020 年 8 月 11 日）

√50. 印花税法（2021 年 6 月 10 日）

√51. 环境保护税法（2018 年 10 月 26 日修正）

√52. 城市维护建设税法（2020 年 8 月 11 日）

√53. 税收征收管理法（2015 年 4 月 24 日修正）

（七）货币金融法律制度

√54. 中国人民银行法（2003 年 12 月 27 日修正）

√55. 银行业监督管理法（2006 年 10 月 31 日修正）

56. 商业银行法（2015 年 8 月 29 日修正）

√57. 反洗钱法（2006 年 10 月 31 日）

（八）国有资产资源管理利用法律制度

△58. 土地管理法（2019 年 8 月 26 日修正）

59. 防沙治沙法（2018 年 10 月 26 日修正）

√60. 矿产资源法（2009 年 8 月 27 日修正）

√61. 森林法（2019 年 12 月 28 日修正）

√62. 草原法（2021 年 4 月 29 日修正）

√63. 水 法（2016 年 7 月 2 日修正）

√64. 水土保持法（2010 年 12 月 25 日修正）

√65. 防洪法（2016 年 7 月 2 日修正）

√66. 海域使用管理法（2001 年 10 月 27 日）

√67. 深海海底区域资源勘探开发法（2016 年 2 月 26 日）

68. 野生动物保护法（2018 年 12 月 26 日修正）

√69. 动物防疫法（2021 年 1 月 22 日修正）

√70. 节约能源法（2018 年 10 月 26 日修正）

√71. 可再生能源法（2009 年 12 月 26 日修正）

（九）区域发展法律制度

√72. 长江保护法（2020 年 12 月 26 日）

（十）乡村振兴法律制度

√73. 乡村振兴促进法（2021 年 4 月 29 日）

√74. 农业法（2012 年 12 月 28 日修正）

△75. 农村土地承包法（2018 年 12 月 29 日修正）

△76. 农村土地承包经营纠纷调解仲裁法（2009 年 6 月 27 日）

77. 农民专业合作社法（2017 年 12 月 27 日修正）

√78. 畜牧法（2015 年 4 月 24 日修正）

√79. 渔业法（2013 年 12 月 28 日修正）

√80. 种子法（2015 年 11 月 4 日修正）

√81. 农业机械化促进法（2018 年 10 月 26 日修正）

√82. 农业技术推广法（2012 年 8 月 31 日修正）

四、供求循环制度板块

83. 反食品浪费法（2021 年 4 月 29 日）

84. 海关法（2021 年 4 月 29 日修正）

√85. 对外贸易法（2016 年 11 月 7 日修正）

√86. 出口管制法（2020 年 10 月 17 日）

√87. 进出口商品检验法（2021 年 4 月 29 日修正）

√88. 进出境动植物检疫法（2009 年 8 月 27 日修正）

√89. 外商投资法（2019 年 3 月 15 日）

√90. 海南自由贸易港法（2021 年 6 月 10 日）

91. 外国中央银行财产司法强制措施豁免法（2005 年 10 月 25 日）

92. 反外国制裁法（2021 年 6 月 10 日）

√93. 台湾同胞投资保护法（2019 年 12 月 28 日修正）

√94. 全国人大常委会关于批准《广东省经济特区条例》的决议（1980 年 8 月 26 日）

五、收入分配制度板块

95. 劳动法（2018 年 12 月 29 日修正）（第五章"工资"）

六、经济安全保障制度板块

（一）国家经济安全保障法律制度

96. 国家安全法（2015 年 7 月 1 日）（关于经济安全部分）

√97. 网络安全法（2016 年 11 月 7 日）

√98. 数据安全法（2021 年 6 月 10 日）

99. 食品安全法（2021 年 4 月 29 日修正）

√100. 农产品质量安全法（2018 年 10 月 26 日修正）

101. 生物安全法（2020 年 10 月 17 日）

102. 核安全法（2017 年 9 月 1 日）

△103. 特种设备安全法（2013 年 6 月 29 日）

104. 安全生产法（2021 年 6 月 10 日修正）

105. 矿山安全法（2009 年 8 月 27 日修正）

106. 道路交通安全法（2021 年 4 月 29 日修正）

107. 海上交通安全法（2021 年 4 月 29 日修正）

（二）经济监督法律制度

√108. 审计法（2006 年 2 月 28 日修正）

学者建议:《经济法典》 整体结构设计

第一编 总 则 (6章)

第一章 基本规定

第一节 立法宗旨与任务

第二节 基本原则

第三节 法律适用规则

第二章 国民经济治理现代化制度基础

第一节 基本经济制度贯彻之一：坚持公有制为主体、多种所有制经济共同发展

第二节 基本经济制度贯彻之二：坚持按劳分配为主体、多种分配方式并存

第三节 基本经济制度贯彻之三：实行社会主义市场经济

第四节 国民经济在法治轨道上运行、推动高质量发展的制度合力

第三章 经济法主体

第一节 基本主体之一：市场主体

第二节 基本主体之二：国家经济管理主体

第三节 相关主体：介于基本主体之间、与经济活动相关的社会力量主体

第四章 经济法权利

第一节 经济权利（权力）

第二节 各类主体通有的基本权利

第三节 市场主体的权利

第四节 国家经济管理主体的权利（权力和权利）

第五节 与经济活动相关的社会力量主体的权利（准权力和权利）

第六节 权利客体

第四章 市场合作及其监管法律制度

第一节 平等合作

第二节 合作方式

第三节 市场合作监管

第二分编

第五章 企业等市场主体发展法律制度

第一节 市场主体发展外部环境

第二节 市场主体治理内部准则

第三节 推进国有企业发展的特别举措

第四节 支持民营企业发展的特别举措

第五节 鼓励混合所有制企业发展的特别举措

第六章 消费者权益保护法律制度

第一节 消费者权益的界定和范围

第二节 经营者对消费者的义务

第三节 国家和社会对消费者权益的保护

第四节 消费者权益的救济

第三编 宏观经济治理制度（13章）

第一分编

第一章 国民经济和社会发展规划（计划）法律制度

第一节 国家规划导向

第二节 国民经济和社会发展规划（计划）的制定

第三节 国民经济和社会发展规划（计划）的执行

第四节 国土空间布局

第五节 统 计

第二章 产业发展法律制度

第一节 产业政策调控

第二节 发展现代产业体系

第三节 推进军民企业融合发展

第三章 科技创新法律制度

第一节 自立自强的科技创新战略

第十章 国有资产资源管理利用法律制度

第一节 经营性国有资产管理利用

第二节 非经营性国有资产管理利用

第三节 国有自然资源、能源资源管理利用

第二分编

第十一章 区域发展法律制度

第一节 区域政策调控

第二节 若干经济区域发展重大战略

第三节 若干经济区域协调发展战略

第四节 发展海洋经济

第十二章 新型城镇化法律制度

第一节 完善城镇化空间布局

第二节 提升城市品质

第十三章 乡村振兴法律制度

第一节 乡村全面振兴战略

第二节 加快农业农村现代化举措

第三节 巩固拓展脱贫攻坚成果同乡村振兴有效衔接

第四编 供求循环制度 (3章)

第一分编

第一章 消费法律制度

第一节 消费格局

第二节 国民收入中积累与消费的安排

第三节 促进消费

第四节 反对浪费

第二章 投资法律制度

第一节 投资格局

第二节 政府投资

第三节 民营投资

第四节 政府和社会资本合作 (PPP)

第二分编

第四节　应对国内外非经济因素对经济领域造成不确定性风险的法律对策

第三章 经济监督法律制度

第一节 审　计

第二节 其他经济监督

第三节 经济监督组合

附　则（不设章、节）

（建议人：程信和 曾晓昀，2021 年 7 月）

阅读文献

一、经典文献

1. ［德］马克思：《资本论》（第 1、2、3 卷），中共中央马克思恩格斯列宁斯大林著作编译局译，人民出版社 2004 年版。

2. ［德］恩格斯：《家庭、私有制和国家的起源》，中共中央马克思恩格斯列宁斯大林著作编译局译，人民出版社 1999 年版。

3. 《列宁论新经济政策》，中共中央马克思恩格斯列宁斯大林著作编译局编，人民出版社 2001 年版。

4. 《毛泽东选集》（共 4 卷），人民出版社 1991 年版。

5. 《毛泽东文集》（第 6 卷），人民出版社 1999 年版。

6. 《毛泽东文集》（第 8 卷），人民出版社 1999 年版。

7. 《邓小平文选》（第 3 卷），人民出版社 1993 年版。

8. 《习近平谈治国理政》（第 1 卷），外文出版社 2014 年版。

9. 《习近平谈治国理政》（第 2 卷），外文出版社 2017 年版

10. 《习近平谈治国理政》（第 3 卷），外文出版社 2020 年版。

11. 习近平：《在庆祝改革开放 40 周年大会上的讲话》（2018 年 12 月 18 日）。

12. 习近平：《论坚持推动构建人类命运共同体》，中央文献出版社 2018 年版。

13. 习近平：《论坚持全面依法治国》，中央文献出版社 2020 年版。

14. 习近平：《在庆祝中国共产党成立 100 周年大会上的讲话》（2021 年 7 月 1 日）。

二、专业文献——著作类

（一）中文本

1. 芮沐：《芮沐文集》，北京大学出版社 2020 年版。

2. 钱学森等：《论系统工程》（增订本），湖南科学技术出版社 1988 年版。

3. 杨紫烜主编：《经济法》（第 5 版），北京大学出版社、高等教育出版社 2014 年版。

4. 杨紫烜：《国家协调论》，北京大学出版社 2009 年版。

5. 潘静成、刘文华主编：《中国经济法教程》（第 3 版），中国人民大学出版社 1999 年版。

6. 刘文华：《走协调结合之路》，法律出版社 2012 年版。

7. 刘文华：《中国经济法基础理论》（校注版），张世明、刘亚丛、王济东校注，法律出版社 2012 年版。

8. 刘文华、肖乾刚主编：《经济法律通论》，高等教育出版社 2006 年版。

9. 刘文华、徐孟洲主编：《经济法》，法律出版社 2009 年版。

10. 徐杰主编：《经济法概论》（修订第 2 版），首都经济贸易大学出版社 2000 年版。

11. 李昌麒：《经济法——国家干预经济的基本法律形式》（修订版），四川人民出版社 1997 年版。

12. 李昌麒主编：《经济法理念研究》，法律出版社 2009 年版。

13. 李昌麒：《李昌麒法治论说拾遗》，法律出版社 2012 年版。

14. 潘念之编著：《中国经济法理论探索》，上海社会科学院出版社 1987 年版。

15. 陶和谦主编，法学教材编辑部《经济法学》编写组编：《经济法学》，群众出版社 1983 年版。

16. 刘瑞复：《经济法：国民经济运行法》（第 2 版），中国政法大学出版社 1994 年版。

17. 漆多俊：《经济法基础理论》（第 4 版），法律出版社 2008 年版。

18. 张士元：《经济法探索之路——漫忆与期待》，华夏出版社 2007 年版。

19. 刘隆亨：《经济法概论》（第 7 版），北京大学出版社 2012 年版。

20. 刘兆兴主编：《比较法学》，社会科学文献出版社 2004 年版。

21. 张守文主编，《经济法学》编写组编：《经济法学》（第 2 版），高等教育出版社 2018 年版。

22. 张守文：《经济法总论》，中国人民大学出版社 2009 年版。

23. 张守文：《经济法理论的重构》，人民出版社 2004 年版。

24. 史际春、邓峰：《经济法总论》（第 2 版），法律出版社 2008 年版。

25. 王全兴：《经济法基础理论专题研究》，中国检察出版社 2002 年版。

26. 朱崇实主编：《经济法》（第 3 版），厦门大学出版社 2007 年版。

27. 时建中主编：《〈中华人民共和国反垄断法〉专家修改建议稿及详细说明》，中国政法大学出版社 2020 年版。

28. 卢代富：《企业社会责任的经济学与法学分析》，法律出版社 2002 年版。

29. 卢炯星主编：《宏观经济法》，厦门大学出版社 2005 年版。

30. 冯果主编：《证券法》，武汉大学出版社 2014 年版。

31. 冯果：《公司法》（第 3 版），武汉大学出版社 2017 年版。

32. 李东方：《证券监管法论》，北京大学出版社 2019 年版。

33. 肖江平：《中国经济法学史研究》，人民法院出版社 2002 年版。

34. 陈乃新：《经济法理性论纲——以剩余价值法权化为中心》，中国检察出版社 2004 年版。

35. 张世明等：《经济法哲学贯通论》，中国政法大学出版社 2020 年版。

36. 张红：《中日经济法比较研究》，北京大学出版社 2017 年版。

37. 薛克鹏：《经济法的定义》，中国法制出版社 2003 年版。

38. 薛克鹏：《经济法基本范畴研究》，北京大学出版社 2013 年版。

39. 薛克鹏主编：《经济法学》，中国政法大学出版社 2018 年版。

40. 邢会强：《走向规则的经济法原理》，法律出版社 2015 年版。

41. 黄茂钦：《基本公共服务均等化法治保障研究——基于"事实"与"规范"的展开》，法律出版社 2014 年版。

42. 黄茂钦等：《经济领域的软法之治：理论辨析与实证考察》，厦门大学出版社 2019 年版。

43. 孔德周：《系统经济法论》，中国法制出版社 2005 年版。

44. 孟庆瑜：《分配关系的法律调整——基于经济法的研究视野》，法律出版社 2005 年版。

45. 董玉明：《中国经济法学导论》，光明日报出版社 2011 年版。

46. 程信和、王全兴主编，中国法学会经济法学研究会编：《海阔天高——中国经济法（学）的过去、现在和未来》（第 1 辑），上海财经大学出版社 2008 年版。

47. 程信和、王全兴主编，中国法学会经济法学研究会编：《海阔天高——中国经济法（学）的过去、现在和未来》（第 2 辑），上海财经大学出版社 2009 年版。

48. 程信和：《经济法通则立法专论》，濠江法律学社 2019 年版。

49. 曾晓昀：《粮食法原论》，中国人民大学出版社 2018 年版。

（二）中译本

1. ［法］摩莱里：《自然法典》，黄建华、姜亚洲译，商务印书馆 1982 年版。

2. ［法］泰·德萨米：《公有法典》，黄建华、姜亚洲译，商务印书馆 1982 年版。

3. ［法］阿莱克西·雅克曼、居伊·施朗斯：《经济法》，宇泉译，商务印书馆 1997 年版。

4. ［日］丹宗昭信、厚谷襄儿：《现代经济法入门》，谢次昌译，群众出版社 1985 年版。

5. ［日］丹宗昭信、伊从宽：《经济法总论》，吉田庆子译，中国法制出版社 2010 年版。

6. ［日］金泽良雄：《经济法概论》，满达人译，中国法制出版社 2005 年版。

7. ［日］美浓部达吉：《公法与私法》，黄冯明译，周旋勘校，中国政法大学出版社 2003 年版。

8. ［日］穗积陈重：《法典论》，李求轶译，商务印书馆 2014 年版。

9. ［德］弗里茨·里特纳、迈因哈德·德雷埃尔：《欧洲与德国经济法》，张学哲译，法律出版社 2016 年版。

10. ［德］柯武刚、史漫飞：《制度经济学：社会秩序与公共政策》，韩朝华译，商务印书馆 2000 年版。

11. ［德］马克思·韦伯：《论经济与社会中的法律》，张乃根译，中国大百科全书出版社 1998 年版。

12. ［德］沃尔夫冈·费肯杰：《经济法》（第 1 卷），张世明、袁剑、梁君译，中国民主法制出版社 2010 年版。

13. ［德］沃尔夫冈·费肯杰：《经济法》（第 2 卷），张世明译，中国民主法制出版社 2010 年版。

14. ［德］乌茨·施利斯基：《经济公法》（2003 年第 2 版），喻文光译，法律出版社 2006 年版。

15. ［德］乌尔里希·施瓦尔贝、丹尼尔·齐默尔：《卡特尔法与经济学》，顾一泉、刘旭译，法律出版社 2014 年版。

16. ［英］阿列克·凯恩克劳斯：《经济学与经济政策》，李琮译，商务印书馆 2015 年版。

17. ［英］施米托夫：《国际贸易法文选》，赵秀文选译，中国大百科全书出版社 1993 年版。

18. ［美］A. 爱伦·斯密德：《财产、权力和公共选择——对法和经济学的进一步思考》，黄祖辉等译，黄祖辉校，上海三联书店、上海人民出版社 2006 年版。

19. ［美］保罗·萨缪尔森、威廉·诺德豪斯：《经济学》（第 19 版·上、下册），萧琛等译，商务印书馆 2012 年版。

20. ［美］道格拉斯·C. 诺思：《制度、制度变迁与经济绩效》，杭行译，韦森审校，格致出版社、上海三联书店、上海人民出版社 2008 年版。

21. ［美］弗兰克·H. 奈特：《风险、不确定性与利润》，安佳译，商务印书馆 2010 年版。

22. ［美］何维·莫林：《合作的微观经济学——一种博弈论的阐释》，童乙伦、梁碧译，格致出版社、上海三联书店、上海人民出版社 2011 年版。

23. ［美］理查德·A. 波斯纳：《法律的经济分析》（上、下），林毅夫校，中国大百科全书出版社 1997 年版。

24. ［美］理查德·A. 波斯纳：《反托拉斯法》（第 2 版），孙秋宁译，中国政法大学出版社 2003 年版。

25. ［美］罗宾·保罗·马洛伊：《法律和市场经济——法律经济学价值的重新诠释》，钱弘道、朱素梅译，法律出版社 2006 年版。

26. ［美］罗伯特·考特、托马斯·尤伦：《法和经济学》（第 6 版），史晋川等译，史晋川审校，格致出版社、上海三联书店、上海人民出版社 2012 年版。

27. ［美］罗纳德·哈里·科斯：《企业、市场与法律》，盛洪、陈郁译校，格致出版社、上海三联书店、上海人民出版社 2009 年版。

28. ［美］罗斯科·庞德：《法理学》（第 3 卷），廖德宇译，法律出版社 2007 年版。

29. ［美］迈克尔·波特：《竞争优势》，陈小悦译，华夏出版社 2005 年版。

30. ［美］詹姆斯·M. 布坎南：《宪法秩序的经济学与伦理学》，朱泱、毕洪海、李广乾译，商务印书馆 2008 年版。

31. ［苏］B. B. 拉普捷夫主编：《经济法理论问题》，中国人民大学法律系民法教研室译，中国人民大学出版社 1981 年版。

32. ［苏］B. B. 拉普捷夫主编：《经济法》，中国社会科学院法学研究所民法经济法研究室译，群众出版社 1987 年版。

33. ［苏］国立莫斯科大学、斯维尔德洛夫法学院合编：《经济法》，路建京等译，中国人民大学出版社 1980 年版。

34. 中国社会科学院法学研究所民法教研室编：《捷克斯洛伐克社会主义共和国经济法典》，江平译，谢怀栻校，中国社会科学出版社 1981 年版。

35. ［瑞士］T. 斯托福：《市场经济的宪法》，郑鹏程、郭兰英译，［美］梁美贤校，中国方正出版社 2009 年版。

36. ［比］保罗·贝拉弗雷姆、［德］马丁·佩泽：《产业组织：市场和策略》，陈宏民等译，格致出版社、上海三联书店、上海人民出版社 2015 年版

（三）外文本

1. ［日］川濵昇等：《ベーシック経済法——独占禁止法入門》（第 5 版），有斐閣 2020 年版。

2. ［日］岸井大太郎等：《経済法——独占禁止法と競争政策》（第 9 版），有斐閣 2020 年版。

3. ［日］泉水文雄：《経済法入門》，有斐閣 2018 年版。

4. Thomas J. Miceli，*The Economic Approach to Law*，Second Edition，Stanford University Press，2008.

5. David M. Driesen，*The Economic Dynamics of Environmental Law*，The MIT Press，2003.

三、专业文献——论文类

（一）中文论文

1. 王家福等："西德、法国、英国经济法考察"，载《法学研究》1983 年第 4 期。

2. 江平、陶和谦："谈谈民法与经济法的划分问题"，载《北京政法学院学报》1979 年第 1 期。

3. 杨紫烜："关于制定《中华人民共和国经济法纲要》的建议"，载《法制建设》1986 年第 1 期。

4. 杨紫烜："关于制定《经济法纲要》的若干问题"，载《南华大学学报（社会科学版）》2015 年第 4 期。

5. 刘文华："固本创新 团结一致 振兴经济法"，载《商丘师范学院学报》2016 年第 1 期。

6. 刘文华："我们需要的是有中国特色的社会主义经济法学——读新出版的《经济法学》后的思考与感言"，载《人大法律评论》2017 年第 3 期。

7. 刘文华："中国经济法'干预论'之批判"，载《首都师范大学学报（社会科学版）》2017 年第 6 期。

8. 刘文华："经济法路向何方?"，载《河南工业大学学报（社会科学版）》2017 年第 1 期。

9. 刘文华："关于'经济法通则'立法的基本考察"，载程信和：《经济法通则立法专论》，濠江法律学社 2019 年版。

10. 徐杰："经济法基础知识讲座"，载《辽宁大学学报（哲学社会科学版）》1981 年第 1 期。

11. 徐杰、黄欣："浅谈经济法的几个问题"，载《法学研究》1984 年第 2 期。

12. 徐杰、刘俊海："抓紧制定《经济法纲要》完备我国经济法规体系"，载《经济法制》1991 年第 10 期。

13. 徐杰："论经济法的立法宗旨"，载徐杰主编：《经济法论丛》（第 3 卷），法律出版社 2002 年版。

14. 李昌麒："关于制定《中华人民共和国基本经济法》的几个问题"，载《当代法学》1991 年第 4 期。

15. 李昌麒："发展与创新：经济法的方法、路径与视域（上）——简评我国中青年学者对经济法理论的贡献"，载《山西大学学报（哲学社会科学版）》2003年第3期。

16. 李昌麒："发展与创新：经济法的方法、路径与视域（下）——简评我国中青年学者对经济法理论的贡献"，载《山西大学学报（哲学社会科学版）》2003年第4期。

17. 李昌麒："论经济法语境中的国家干预"，载《重庆大学学报（社会科学版）》2008年第4期。

18. 张守文："经济法的立法统合：需要与可能"，载《现代法学》2016年第3期。

19. 张守文："经济法的立法统合：前提与准备"，载《学术界》2020年第6期。

20. 张守文："在法治建设实践中创新发展中国经济法学"，载《人民日报》2019年2月11日。

21. 张守文："数字经济与经济法的理论拓展"，载《地方立法研究》2021年第1期。

22. 史际春："制订我国基本经济法新议"，载湘潭大学法学院编：《湘江法律评论》（第3卷），湖南人民出版社1999年版。

23. 杨松、郭金良："互联网创新发展中的经济法治研究"，载《江海学刊》2017年第4期。

24. 陈乃新："经济法的重要范畴：剩余权与经济安全权"，载《法商研究》1998年第6期。

25. 编撰经济法典第一研究小组，陈晋："编撰经济法典的历史回眸"，载《南华大学学报（社会科学版）》2015年第1期。

26. 编撰经济法典第二研究小组，梁中鑫："我国编撰经济法典的评估"，载《南华大学学报（社会科学版）》2015年第1期。

27. 编撰经济法典第三研究小组，陈乃新等："创制《中华人民共和国经济法》构想——创制基本经济法是编撰经济法典的题中应有之义和浓墨重彩"，载《南华大学学报（社会科学版）》2015年第1期。

28. 七人研究小组（程信和、王全兴、张守文、单飞跃、陈乃新、孔德周、何文龙）："《经济法纲要》的法理与设计——献给20世纪最后一次中国经济法年会"（此文由何文龙执笔，集体讨论），载浙江大学法学院、浙江省法制研究所主编：《法治研究》（1999年卷），浙江大学出版社2000年版。

29. 薛克鹏："法典化背景下的经济法体系构造——兼论经济法的法典化"，载《北方法学》2016年第5期。

30. 袁达松、朱成林："论经济法治的顶层设计——兼重提经济基本法的制定"，载《中山大学法律评论》2014年第3期。

31. 叶姗：“再议制定经济法通则的必要与可能”，载《人大法律评论》2016 年第 3 期。

32. 程信和：“经济法之原创性——芮沐先生经济法学术思想心得”，载《北京大学学报（哲学社会科学版）》2008 年第 4 期。

33. 程信和：“论经济法的理论基础”，载《厦门大学学报（哲学社会科学版）》2008 年第 3 期。

34. 程信和：“发展、公平、安全三位一体——经济法学的基本范畴问题探析”，载《华东政法大学学报》1999 年第 1 期。

35. 程信和：“经济法基本权利范畴论纲”，载《甘肃社会科学》2006 年第 1 期。

36. 程信和：“改革开放三十年来经济法学的回顾与展望”，载《中国法学》2008 年纪念改革开放三十年专刊。

37. 程信和：“新时代中国特色经济法学之新气派”，载《法治社会》2018 年第 1 期。

38. 程信和：“经济法通则原论”，载《地方立法研究》2019 年第 1 期。

39. 程信和、曾晓昀：“经济法典：经济法集成化之历史大势”，载《政法学刊》2021 年第 1 期。

41. 程信和、曾晓昀：“经济法典‘总则’论”，载《法治社会》2021 年第 2 期。

41. 程信和、曾晓昀：“经济法典‘分则’论”，载《法治社会》2021 年第 3 期。

（二）中译论文

1. ［苏］B. 拉普杰夫：“经济法科学发展的问题”，王熙瑞摘译，赵国琦校，载《国外社会科学》1981 年第 12 期（原载《苏联科学院通报》1980 年第 8 期）。

2. ［苏］B.B. 拉普捷夫：“经济法：方法、目的、原则”，赵玉龄译，任正校，载《环球法律评论》1984 年第 6 期（原载苏联《社会科学》1984 年第 3 期）。

3. ［俄］B.B. 拉普捷夫：“经济法——经营活动法”，李亚男译，伍元校，载《环球法律评论》1993 年第 4 期（原载俄《国家和法》1993 年第 1 期）。

4. ［苏］B.K. 拉伊赫尔：“关于经济法理论”，任正摘译，载《环球法律评论》1980 年第 6 期（原载苏联《苏维埃国家和法》1980 年第 8 期）。

5. ［苏］B.M. 切克瓦泽、C.Л. 齐弗斯：“苏联和东欧国家的经济法问题”，蒋恩慈摘译，吴耀辉校，载《现代外国哲学社会科学文摘》1981 年第 1 期（译自 1974 年版《国际比较法百科全书》第 2 卷第 2 章）。

6. ［苏］B. 阿列克谢耶夫：“经济机制与经济法”，施厚生摘译，载《中外法学》1983 年第 4 期（原载《共产党人》1982 年第 4 期）。

7. ［苏］И. 彼得罗夫：“列宁与经济立法”，杨紫烜摘译，载《中外法学》1984 年第 5 期（原载《经济与法》1980 年第 4 期）。

8. "苏联科学院哲学和法学部、经济学部讨论苏联经济法典草案"，吴任摘译，载《环球法律评论》1986 年第 2 期（原载苏联《苏维埃国家和法》1985 年第 11 期）。

9. ［苏］安德列耶夫："苏联讨论经济法典草案"，马柳春摘译，士琳校，载《现代外国哲学社会科学文摘》1986 年第 9 期（原载苏联《苏维埃国家和法》1985 年第 11 期）。

10. ［日］渡部乔一："日本的经济法（上）"，许少强摘译，萧强校，载《外国经济与管理》1979 年第 8 期（译自渡部乔一《六法全书的阅读法》1979 年 1 月 25 日第 23 版第七章）。

11. ［日］渡部乔一："日本的经济法（下）"，许少强摘译，萧强校，载《外国经济与管理》1979 年第 9 期（译自渡部乔一《六法全书的阅读法》1979 年 1 月 25 日第 23 版第七章）。

12. ［日］丰崎光卫："经济法"，姚梅镇译，载《法学评论》1980 年第 3 期［译自日本《世界大百科全书》（第 9 卷），平凡社 1972 年版］。

13. ［日］小杉荣一："经济法"，张宇霖译，邹焕生、魏淳校，载《环球法律评论》1984 年第 1 期（原载日本《经济》1982 年 5 月第 217 号，《经济危机时代和经济学》专辑，新日本出版社出版）。

14. ［日］小原喜雄："经济法域外适用的法律原理"，雷法译，启新校，载《现代外国哲学社会科学文摘》1986 年第 6 期（译自小原喜雄《现代经济法入门》1981 年版）。

15. ［法］罗伯·萨维："法国法律上的经济法概念"，理钧译，王名扬校，载《环球法律评论》1983 年第 5 期［译自［德］吉德·林克编:《经济法的概念和原则》，法兰克福 1971 年版（原文法文）］。

(三) 外文论文

1. Anu Bradford et al. , "Competition Law Gone Global : Introducing the Comparative Competition Law and Enforcement Datasets", *Journal of Empirical Legal Studies*, 2019, 16 (2).

2. Elena Ostanina, Elena Titova, "The Protection of Consumer Rights in the Digital Economy Conditions——The Experience of the BRICS Countries", *BRICS Law Journal*, 2020, 7 (2).

3. Marcel Garz, Sabrina Maaß, "Cartels in the European Union, Antitrust Action, and Public Attention", *Journal of Economic Behavior and Organization*, 2021, 186.

4. Marshall Steinbaum, Maurice E. Stucke, "The Effective Competition Standard : A New Standard for Antitrust", *The University of Chicago Law Review*, 2019, 86.

5. Rory Van Loo, "Broadening Consumer Law : Competition, Protection, and Distribution", *Notre Dame Law Review*, 2019, 95 (1).

6. Tom C. W. Lin, "Artificial Intelligence, Finance, and the Law", *Fordham Law Review*, 2019, 88 (2).

7. Yair Listokin, "A Theoretical Framework for Law and Macroeconomics", *American Law and Economics Review*, 2019, 21 (1).

后记：无限风光在险峰

应运而生经济法，无限风光在险峰。

在全面建成社会主义现代化强国的新征程中，坚持在法治轨道上推进国家治理体系和治理能力现代化，统筹推进国内法治和涉外法治，经济法学界于2020年起提出了适时制定《经济法典》的倡议。

一个时代有一个时代的主题，一代学人有一代学人的使命。"法典化组合"已成当今中国立法之走势。值此之际，谋划编纂《经济法典》，既是偶然的，也是必然的。

中国经济法学卓越的开创者之一刘文华教授铿锵断言："只有现代经济法，才能胜任国民经济发展法的基本使命。"（2018年12月9日）中国经济法学卓越的开创者之一李昌麒教授于2020年12月7日致函："今日大雪（节气），欣闻经济法学界兴起讨论《经济法典》问题，喜而赋词《风雪行》，与诸位同仁共勉之。"其词如下："经济法典，志存高远。治理协同，宏微并展。福祉为民，堪称必选。大雪何妨，诸君共勉。励精图治，力促实现！"老前辈的寄语是期待、是号角，我们深受鼓舞，倍增勇气。

回眸征程，中国特色社会主义市场经济的重大成功，有赖于党的正确领导，有赖于全国人民的共同奋斗。制度、道路、理论、文化四个自信指引着经济法的发展，经济法又不断为中国特色社会主义提供法理支撑和行动保障。展望前程，经济法突飞猛进、博大精深，我们力争跟上时代。自云：像是天真，只是求真。"真"是什么？新兴经济法之定型化、系统化也。制定《经济法典》，重中之重、急中之急是其"总则"。经济法的整体形象和特别功能首先应体现在《经济法典》"总则"之中，而目前最缺的正是"总则"。元明之际的朱希晦咏宝镜诗云："宝镜何团团，光辉莹冰雪。疑是造化炉，神工初铸出。"迎难而上，顺势而为，本书可曰"初铸"，实则"上下求索"，力图反映中国经济法与改革开放同步前行，展现中国经济法学界老中青不懈探索成果，开拓经济法的新境界。

永远铭记四十多年来带领我们奋进的全国经济法学界老前辈：芮沐、杨紫烜、刘文华、徐杰、李昌麒、潘静成、刘隆亨、漆多俊、肖乾刚、张士元诸先生。

衷心感谢在创作本书过程中给予我们指导和支持的全国中青年师友。记得张守文、程信和二君某日晨曦相会于首都的国旗之下，一位款款笑道："凡遇国旗升起处，必有经济法随之焉。"另一位朗朗应声："然也，然也。"徐孟洲等同仁呐喊：我们都是《经济法典》的促进派！掷地有声。曾任全国人大代表的黄河、现任全国人大代表杨松，首任中国法学会经济法学研究会会长吴志攀、厦门大学原校长朱崇实，主编中国经济法（学）老中青学术思想文集的合作者王全兴，广东省法学会经济法学研究会会长张永忠等同仁，均对编撰《经济法典》给予了有力支持。贤者甚多，数以百计，铭记于心，恕不一一道谢。

广东省法学会、广东省法学会经济法学研究会、中山大学法学院、广东技术师范大学法学与知识产权学院、广东技术师范大学阳江立法基地的领导和同事们，中国政法大学出版社的丁春晖先生，对本项目的进行和完成，给予了极大的鼓励和支持。

所有指导、建议和帮助，都增添了扎实推进《经济法典》的新动力，将形成创设《经济法典》的积极行动。

实践在发展，认识也在发展。"苟日新，日日新，又日新。"未来，在我们手中；未来，靠我们奋斗。

本书不当之处，敬请各界批评指正，以利进一步修改完善。

程信和　曾晓昀

2021 年 8 月 15 日

于白云山下、珠江之畔